中学英語で3分間会話がとぎれない話し方

あいさつからスモールトークまで
22のポイント

小比賀優子
Yuko Obika

出窓社

中学英語で3分間
会話がとぎれない話し方

あいさつからスモールトークまで
22のポイント

To know another language is to live another life.
(Thomas Masaryk)

もう一つ別の言語を身につけることは、もう一つ別の人生を生きることである。　　　　　　　（チェコの政治家、トマーシュ・マサリクの言葉）

◆ 目次 ◆

はじめに　*7*

●基本編●

1章　英語を話す前の心構え　*13*

ポイント1　英語力より会話力 ……………………………*14*
会話力に自信はありますか？／正しさより伝えたいこと／中学レベルの英語で大丈夫！

ポイント2　まずはあいさつと笑顔から ……………………*18*
あいさつは魔法の言葉／笑顔とアイコンタクト

ポイント3　言い間違えても大丈夫！ ………………………*23*
外国語なのだから間違えて当然／英語が出なければ日本語で／途中で日本語を使ってもOK!／かみくだいて簡単な英語に言い換える

ポイント4　沈黙は「禁」 ……………………………………*28*
沈黙は会話拒否のメッセージ／どっちでもいい気持ちをふっきる／好きかどうかは、さらりと答える

ポイント5　自己紹介は丸暗記 ………………………………*33*
自己紹介は準備万端に／少しずつ情報をつけ加えよう／想定問答も準備しておけば安心

ポイント6　英語を話すときは日本代表 ……………………*41*
日本人だからこそ受ける質問がある／日本文化について説明できますか？

| ポイント**7** | すべて聞きとれなくても大丈夫！ ……………*46* |

想像力と状況判断で会話は成り立つ／ためらわずにくり返してもらおう

2章　伝わる英語にするために本当に大事なこと　*51*

| ポイント**8** | 語順のルールは絶対厳守 ……………*52* |

許される間違いと許されない間違い／許される間違い／許されない間違い

| ポイント**9** | 英文の始まりは「主語＋動詞」 ……………*57* |

5文型から見えてくる「主語＋動詞」／なにはなくても「主語＋動詞」

| ポイント**10** | 会話の始まりも「主語＋動詞」 ……………*60* |

「主語＋動詞」があれば会話もはずむ／「主語＋動詞」は最高の会話戦略

| ポイント**11** | 英語の発音は強弱が大事 ……………*65* |

重要な単語は強く言う／強弱のリズムで英語らしく

| ポイント**12** | 「間」が悪ければ伝わらない ……………*69* |

単語のつながり方を知っておこう／間を入れて読んでみよう

| ポイント**13** | 疑問文を上手に使うコツ ……………*72* |

WhatやHowなどの疑問詞の使い方／疑問詞とYes/Noを聞く質問を織りまぜて使おう／第三の疑問文 How about you?／質問の幅が広がる How about you ＋いろいろ？

| ポイント**14** | 疑問文に上手に答えるコツ ……………*80* |

否定疑問文には長く答えよう／答えに少し上乗せすると会話がはずむ

4

● **実践編** ●

3章　いろいろな場面での会話　*87*

ポイント 15 あいさつで会話を始める …………………*88*
初対面の人に／だれかを紹介するとき／会ったことのある人に／フォーマルな会話では省略をひかえる／久しぶりに再会したとき／久しぶりの再会で活躍する still ／呼んでほしい名前は自分で告げよう／先生を呼ぶときも名前や名字で

ポイント 16 スモールトークで話題を広げる …………………*103*
スモールトークとは？／出身地はかっこうの話題／共通点で会話をはずませたいとき便利な used to~ ／初対面では危険な質問は避ける／相手の答えから話を広げよう

ポイント 17 あいづちは会話の潤滑油 …………………*111*
よい聞き手はあいづち上手／相手にとっていいことを聞いたとき／相手にとって悪いことを聞いたとき

ポイント 18 いろいろなことを教えてもらう …………………*116*
「教える」はいろいろな英語になる／携帯の番号を教えてもらうとき／行き方を教えてもらうとき

ポイント 19 相手を上手に誘う …………………*121*
誘い方について／積極的に誘うとき／相手の気持ちを確かめながら誘うとき

ポイント 20 感謝と喜びをあらわす …………………*125*
「ありがとう」と「うれしい」／大げさにほめるのも効果的／お礼のレベルを上げたいとき

| ポイント21 | 知らない人に声をかける …………………………131 |

声をかけることについて／道案内は大まかに／きっかけは分かち合う気持ちで

| ポイント22 | 日本の習慣を伝える ……………………………137 |

日本の習慣について／靴をぬいでほしいとき／「こちらをお召しになってください」／「いらっしゃいませ」と May I help you?

特別講座　会話をより豊かにするための基礎知識　147

（1）いろいろな数字の読み方 …………………………148

位のある数字／位のない数字／時刻／日付

（2）日常の決まり文句 …………………………………156

別れぎわの決まり文句／英語になりにくい日本語の決まり文句

（3）丁寧に聞こえるコツ ………………………………160

丁寧さは言い方次第／省略しない／質問に May I ask~? をつける／まわりくどく頼む

（4）英語の手紙とメールのコツ ………………………164

お手本を加工する／簡単な言葉に置き換え加工する／「○○さんへ」「○○より」／お礼の手紙とメール

はじめに

いざ英会話

　英語を話せるようになりたいのに、なかなか話せるようにならない。どうやって会話をすすめたらいいのかわからない。英語で話すと考えただけで緊張してしまう。でも、なんとか自信をもって、今ある英語力を十分生かして話せるようになりたい。そういった思いをいだいている方は多いと思います。

　では、みなさんは、どんなときに英語を話すのでしょうか？ また、どんなときに英語を話せたらいいと思うのでしょう。海外旅行へ行くときですか？ たまに来日する取引先の人にあいさつをするときですか？ 「外国人観光客に英語で道をたずねられたら、今度は逃げずに助けてあげたい！」、「実は息子がスウェーデン人女性と結婚することになり、あちらの家族と英語で話すことになりそうで…」などなど、英語を話す状況は人によってさまざまです。観光地のお店や旅館では、外国からのお客様が増えたせいで、従業員の方々が英語でのコミュニケーションに四苦八苦している、という話も耳にします。

　ただ、日本で生活している以上、ほとんどの人は、英語を日常的に話すわけではありません。**英語の必要性が高まっているのは確かですが、英語を話すチャンスというのはなかなかないのが現状です**。ですから、多くの人にとって、英語を話すのは「いざ！」というときに限られています。めったにないことですから、緊張してしまい、なかなか思うように話せないのは当然です。

緊張して当たり前

　いざというときは、日本語で話すのも緊張します。あこがれの人に会ったときや、人前でスピーチをするときのことを想像してみてください。口を開こうとしても、胸がドキドキして、すらすら言葉が出てきません。母語である日本語でも、いつもとは違う場面では、なかなかうまく話せないものです。それが外国語となれば、なおさらでしょう。緊張するのは当たり前ですから、気にすることはありません。

　まずは肩の力を抜いてください。深刻な話や、難しい問題を議論するわけではありません。**とりあえず3分間、感じのいいあいさつと、ちょっとした情報交換をすることから始めましょう。**

　3分間といっても、いざ英語で話すとなると、長く感じるかもしれませんね。でも、最初の3分間に、うまく言葉のキャッチボールができれば、ずいぶん気持ちが楽になり、自信がわいてきます。そして、次からは、3分を5分に、5分を10分へと伸ばしていけばいいのです。

　海外で長年暮らす機会に恵まれたり、英語のプロをめざして必死に勉強したりすれば、だれでもそれなりに英語を話せるようになります。ただ、そんな機会がない人や、英語をプロ並みに学ぶ必要のない人のほうが、圧倒的に多いのです。

　この本は、そういったごく普通の方に向けて書きました。みなさんに、「少なくとも3分くらいは英語で話せるぞ」という自信をつけてもらいたいのです。どうか顔をこわばらせず、英語を話すためのヒントを楽しく見つけてください。

3分間の意味

　3分間というのは、あくまでも一つの目安です。あいさつをして、ほんの少し気楽なおしゃべりをするくらいの時間と考えてください。初めて会う人であれば、出身地や職業、住んでいるところや趣味などを話します。そうしているうちに、あっという間に3分くらいたってしまうことでしょう。でも、あいさつはできても、そのあと話を続けていくのは案外難しいものです。なにか話さなくては、と思ううちに沈黙の時間が流れてしまうことはよくあります。

　友人や知人であれば、それぞれ共通の話題があるはずです。週末や休暇中になにをしたのかたずねたり、イベントなどに誘ったり、誘われたりすることもあるでしょう。こうした気楽な会話は、カジュアルな場面ではもちろん、ビジネスの場面でも、本題に入る前の緊張をほぐすために欠かせません。

　他にも、人からなにかをたずねられたり、頼まれたりしたとき、それに応じる会話も、最初の3分間がカギになります。**最初の3分間のやりとりが順調にいけば、会話はスムーズにすすみ、相手とよりよい関係をきずくことができるのです。**そして、な

により英語を話すことが楽しくなり、気がつけば、3分が5分に、5分が10分になっていることでしょう。

<u>3分間、英語で会話を続けるためには、具体的な例文を覚えるだけでなく、いろいろな心構えや準備が必要です。</u>そのためのポイントを、この本では22の項目にまとめて紹介いたします。

前半の**基本編**では、会話を始めるための準備について、後半の**実践編**では、よくある場面での会話文を紹介しながら、より具体的なコツをお伝えしていきます。従来の英会話本には必ず書いてあることでも、実際はあまり役に立たない難しいことや、ややこしいことは、あえて省きました。

まずは3分間、英語で話しているご自分の姿を想像してみてください。そこをめざして、ゆっくりと始めましょう!

基本編

　英会話を始める前には、いろいろな「準備」が必要です。気持ちを楽にするための心の準備もあれば、緊張せずに英語を話し、また聞くための準備もあります。まずは、そういった事前の準備を十分にととのえていきましょう。
　会話を楽しむ大らかな気持ちを忘れないで、基本をしっかり身につけてください！

Well prepared means no worries.
備えあれば憂いなし

1章

英語を話す前の心構え

　この章では、英語を話す前に、みなさんに知っておいていただきたい7つのポイントについて、お話しいたします。英語で会話することに対して、多くの人がいだいている思い込みや誤解をとりのぞき、英語を話すときの緊張をほぐすために大切なことばかりです。よけいな心配をするのはやめて、本当に必要なことに時間をかけましょう！

ポイント1 英語力より会話力

会話力に自信はありますか？

　英会話のお話をする前に、「会話」について少し考えてみたいと思います。「**会話」というのは、相手の言いたいことを理解し、こちらの言いたいことをわかってもらうことで成り立ちます。**キャッチボールのように、言葉のやりとりを重ねることで、相手のことを知り、心を通わせ、できれば楽しいひとときを過ごす、というのが基本的な目的ではないでしょうか。

　家庭、学校、仕事場、取引先、買い物、食事など、日常のあらゆる場面で、家族や友人、同僚、知人、店員さんなど、私たちはさまざまな人と会話を交わしながら生活しています。初めて会った人とは名乗り合い、自分のことを簡単に紹介し、あたりさわりのないやりとりをします。困っている人を見かけたら、「お困りですか？」と声をかけるでしょうし、相手の言うことがよくわからなければ、もう一度言ってくださいと頼みます。これは日本語であっても、英語であっても変わりません。

最近は、日本語の会話力をつけるための指南書がよく売れていると聞きます。みなさんの会話力はいかがですか？　毎日、言葉をきちんと声に出してコミュニケーションをとっていますか？

　英会話といっても、なにか特別な話をするわけではありません。英語を話すのは、目の前の人が日本語を自由に使えない外国の人で、こちらも相手の国の言葉を話せないからです。

　どの国の人であっても、人間同士に変わりはありません。笑顔を見せれば親しみがわきますし、気の合う人とは、言葉を超えたきずなを深めることもできるのです。

正しさより伝えたいこと

　どの言語でもそうですが、話し言葉のほうが書き言葉よりも簡単です。日本語でも、きちんと書くとなれば、漢字や言葉づかいに間違いがないか確認しますし、語尾を「です」にするか「ます」にするか、この表現は本当に正しい使い方なのかどうかなど、細心の注意をはらいます。でも、話すだけなら、漢字を知らなくても、多少言い間違いをしても大丈夫です。それに、相手の反応を見ながら、すぐに言い直すこともできます。

　英語でも、まったく同じです。英語の文章を書くためには、正しいスペルや文法をきちんと覚えなければなりません。学校の試験も書く英語ですから、私たちはずっと「正しい」英語をめざして勉強してきたのです。

　でも、話すときは違います。**文法的な正しさよりも、言いたいことが伝わるかどうかのほうが、はるかに重要です。**もし、正しい日本語を話すけれど感じの悪い人と、文法は間違いだらけでも感じのいい人がいたとしたら、どちらの人と話したいですか？　ほ

とんどの方が、感じのいい人を選ぶと思います。会話をしていて気になるのは、文法的な正しさではありません。その人の雰囲気と、その人がなにを伝えたいのかということです。話しているときは、だれも間違いに×をつけたりしません。心置きなく、伝えたいことに集中してください。

中学レベルの英語で大丈夫！

　難しい話をするのでなければ、「英会話」に必要なのは、中学で習う基礎的な英語力で十分です。本当にそれだけあれば、普通の会話はできます。この本でも、中学英語以上の文法は出てきません。

　日本人の多くは、中学から高校にかけて、「きちんと読んで書ける英語」を勉強します。それは素晴らしいことで、けっして無駄ではありません。「英語を長年勉強しても、話せないなら意味がない！」などと乱暴なことを言う人がいますが、それはさかさまです。そんな人には、「いくら英語を話せても、読んで書けなければ意味がない！」と反論しましょう。たとえ話せたとしても、文字を読んだり、書けたりできなければ、インターネットの情報も、新聞や雑誌も読めません。今まで身につけた英語に、どうか自信をもってください。

　前著『学び直しは中学英語で』でも書きましたが、**中学で習う英語は宝物です。中学の３年間で、英語を理解するための基礎はしっかり学べます。**単純な現在形から現在完了形、接続詞や関係代名詞まで、中学英語の範囲は思いのほか広いのです。**中学英語を身につければ、現在、過去、未来を語ることはもちろん、**

相手に質問したり、頼みごとをしたり、道順をたずねたりすることもできます。

　中学レベルの英語力があるかどうか、ちょっとあやしいと思われる方は、高校受験用の問題集を一冊やってみてください。中学3年間の英語を総復習しておくと、ずいぶん気持ちが楽になるはずです。

　話す英語は難しくはありませんが、話すことに慣れないかぎり、自由に使えるようにはならないのは確かです。しかも、母語の日本語でも口数が少ない方にとっては、けわしい道のりかもしれません。

　でも、ご安心ください。ここでめざすのは、3分間の英会話です。3分間と割り切れば、なんとかなりそうな気がしませんか？

ポイント2 まずはあいさつと笑顔から

あいさつは魔法の言葉

あいさつはコミュニケーションの第一歩です。そして、**相手との距離を一気に近づけてくれる魔法の言葉でもあります。**

友人、知人はもちろん、初対面の人とも、会話はあいさつから始まります。海外に行くと、通りすがりの近所の人や、ビルで清掃してくださっている方にも、声に出してあいさつをすることが、日本より多いような気がします。感じのいいあいさつができると、お互い気持ちがいいものです。苦手な人を見かけたときのように、視線をそらしたり、逃げたりしないでください。あいさつがうまくいけば、気持ちはぐっと楽になり、会話を始める下地がととのいます。

でも、初めて会った人と、あいさつを交わし、ちょっとした会話をするのは、日本語でもけっこう緊張しますね。同じことを外国語でするとなったら、いっそうドキドキすることでしょう。

あいさつのタイミングがずれてしまったり、言いたいことを言えなかったりすることもあると思います。用意していたせりふが出てこない、握手がぎこちなくなってしまうなど、だれもが経験することです。実際の会話というのは、なかなか思い描いていた通りにはいきません。相手のあることですから、どんなに経験を積んでもハプニングはつきものです。

握手が苦手なら、日本式のおじぎをしてみてはどうでしょう。相手も握手の習慣がない国の人かもしれません。最近は衛生上

の理由で手を握るのをためらう人もいるそうです。また、"Hello!"や、"Hi!"と言うのが恥ずかしいなら、まずは、「こんにちは！」で始めましょう。インドの人が「ナマステ！」と言うのと同じです。だれも変だとは思いません。

緊張せずに、感じのいいあいさつをすることが肝心です。どうか負担のかからないあいさつを、臨機応変に試してみてください。

念のため、基本的な英語のあいさつと、それぞれを使うタイミングについてまとめておきます。また、あいさつについてはポイント15でも詳しく紹介しますので、ご参照ください。(☞ P88)

●出会ったときのあいさつ

Hello!

いつでも、だれにでも使えます。(電話の「もしもし」も英語では、"Hello."です)。

Hi! / Hey!

Hello!よりもくだけた感じに聞こえます。

1章 英語を話す前の心構え　19

Good morning!
morning は「午前」を表しているので、文字通り午前中いっぱい使えます。

Good afternoon!
正午である noon を過ぎてから、日の暮れる 5 時頃まで使います。

Good evening!
日の暮れる 5 時過ぎから使います。（夕方の別れぎわに、アフター 5 を楽しんでくださいという気持ちで、"Have a good evening!" と言うこともあります）。

●別れのあいさつ
Good-bye!
「さようなら」の基本形。だれにでも使えます。

Bye!
Good-bye! のカジュアル版です。

Good night!
夜、Good-bye! や Bye! の代わりに使います。

See you!

「また会いましょう」という気持ちで、Good-bye! などにつけ足します。

See you later!　「またあとで / 今度」
See you tomorrow!　「また明日」
See you next week!　「また来週」
See you on Monday!　「また月曜に」

などのバリエーションがあります。

笑顔とアイコンタクト

英語であいさつをするとき、笑顔とアイコンタクトはとても大切です。そして、この2つは、握手や "Hello!" とちがって、日本式に置き換えることはできません。

「笑顔は世界の共通語」というのは、だれもが疑わない事実でしょう。コミュニケーションの道具として、**「私はあなたと友好的にお話がしたいのです。危険でも、あやしい人物でもありません」**と相手に伝えるのに、笑顔は大きな役目を果たします。

映画やドラマに出てくる、いかにも犯人らしい人の顔を思い浮かべてみてください。たいてい無表情で、顔つきがこわばっていませんか？　英語を話すときのあなたも、緊張し過ぎてそんな顔になっていたら大変です。今すぐ鏡を見て、にっこり笑ってみてください。かたくなった筋肉を、ゆっくりほぐしましょう。

アイコンタクトというのは、相手の目を見ることで、**笑顔と同じように「私はあなたとお話がしたいのです」という合図になります**。レストランなどでも、店員さんの注意を引くとき、日本のよう

1章　英語を話す前の心構え　21

に「すみませーん!」と大声を出さずに、目と目が合うまで待ってから、軽く手をあげ合図するのもアイコンタクトです。

　また、話の途中であれば、「あなたの話を聞いていますよ」というサインになります。目をそらすと、なにかやましいことがあるのだろうか、本当は話したくないのだろうか、と不信感をもたれかねませんから気をつけましょう。

　アイコンタクトといっても、じっと見つめるとか、にらみつけるわけではありません。相手から目をそらさなければいいのです。これは日本語の会話でも、実はあまり変わらないと思います。

ポイント3 言い間違えても大丈夫!

外国語なのだから間違えて当然

今や英語を話すのは、アメリカ人やイギリス人などの英語圏の人だけではありません。お互い相手の国の言葉がわからないので、しかたなく英語でコミュニケーションをとることが、世界中のあちこちで行われています。みなさんが英語を話す相手も、英語のネイティブとは限らないのではないでしょうか。

お互い外国語である英語を話すとき、細かい文法の間違いや、発音の違いなどを、いちいち気にする人はいません。a や the を抜かしたり、in を on に言い間違えたりしても、話す英語ではまったく問題ないのです。r と l が区別できなくても、th の発音がうまくいかなくても、たいていの場合は文脈で理解し合えます。

もちろん、書く英語ではそうはいきませんし、なるべく通じやすい英語をめざして努力することは大切です。でも、いざ話すときには、小さなことは気にせず、開き直ってしまいましょう。

英語を 100 パーセント正しく使える人などこの世にいません。実際、世界中のあらゆるところで、あらゆる人が間違えながら英語を話し、ビジネスの契約をすすめたり、平和活動に貢献したりしています。**お互い相手の伝えたいことに耳をかたむけ、理解し合うことができれば、コミュニケーションとしてはまったく問題ないのです。**

1章 英語を話す前の心構え

英語が出なければ日本語で

　言葉というのは、その人の気持ちとしっかり結びついていないと、相手に伝わらないものです。せっかく感謝の言葉を発しているのに、緊張感やためらいがあっては、ありがとうの気持ちが半減しかねません。そんなときは、**迷わず日本語で、「ありがとうございます！」**と言ってしまいましょう。そのあと、緊張の糸がほぐれたところで、"Thank you very much!"と続ければいいのです。

　感謝だけでなく、危険を察知して助けを求めるときも、「ヘルプミー」などと情けない声を上げても、だれの耳にもとどきません。**まずは「助けて〜！　だれか来て〜！」**と必死に叫んでください。強い感情というのは、言葉ではなく、その人の声の調子や表情で伝わるものです。怒りの言葉も、日本語でまくしたてたほうが、ずっと迫力が出ると思いませんか。

　とにかく、まずは日本語で言ってから英語で続ける、という方法を試してみてください。英会話に慣れていない方には、特におすすめです。思いのほか気が楽になって、そのあとの英語が出やすくなった、という生徒さんの声もたくさんあります。

　英会話のレッスンでは、「日本語禁止！」の場合が多いですね。でも、それは教室の中だけのこと。現実のコミュニケーションは、もっと大らかで、幅広く、自由でいいはずです。日本語をほんの少し使うことで、気持ちが落ち着き、英語を話しやすくなるのなら、ためらいなく使うことをおすすめします！

まずは日本語で言って、英語で続ける！

もう一歩 日本で外国の人に声をかけるときは、最初から英語ではなく、日本語で話しかけてみましょう。「**こんにちは。なにかお困りですか？ Do you understand Japanese?**」と、まずは日本語が理解できるかどうか聞いてみてください。もし日本語を少し話せて、「ニホンゴ、スコシダケ、**but not very well…** アナタ、エイゴ、ダイジョウブ？」などと返ってくれば、ほっとしますね。そのあとの会話が、お互いだいぶ楽になるはずです。

途中で日本語を使ってもOK!

話している途中で英語の単語が出てこなかったら、どうしますか？ じっと考えこんだり、眉間にしわを寄せたり、下を向いたりしていませんか？ 5秒考えても思いつかなければ、すっぱりあきらめてください。そして、その単語を使わずにすませるか、話題を変えるか、または、**とりあえず日本語の単語を代わりに使いましょう。**

例えば、"**Where are you from?**" と出身地を聞かれて、出身は滋賀県の大津市で、大きな湖、琵琶湖 (**Lake Biwa**) の近くだと説明したいとします。ところが、湖 (**lake**) を意味する英単語がどうしても出てきません。そんなときは、立ち止まらずに、"**I'm from Otsu City, Shiga. It's near Biwa-ko, a big mizuumi.**" と言ってしまいましょう。相手が「湖？ それってなんですか？」

"**Mizuumi? What's that?**" と問いかけてきたら、しめたものです。「湖」にまつわることを、考えつくかぎり並べてみましょう。「水がいっぱいあって、魚もいます。でも、海ではなく、水も塩辛くありません。波もないし…」"**It has a lot of water, but it's not the sea or the ocean. The water is not salty. No**

1章 英語を話す前の心構え　25

waves…"と、このあたりで相手は、「ああ、湖ですね!」"Oh, that's a lake!"と、たぶん、いえ、きっとわかってくれるはずです。

かみくだいて簡単な英語に言い換える

　ぴったりの英単語が出てこないときは、先ほどの「湖」のように、**他の言葉でかみくだいて説明するのがいちばんです**。日本語の単語や熟語をそのまま英訳しようとすると、かえって混乱して、言葉がなにも出てこなくなってしまいます。

　あるとき、英会話のレッスン中に、「休みの日はたいていなにをしていますか?」"What do you usually do on your day off?"と質問したところ、ある生徒さんから、「日曜は洗車をするのですが、洗車って英語でどう言えばいいのですか?」と聞かれました。そこで、「車を洗うのですから、**wash a car** ですね。自分の車なら、**wash my car** になりますよ」と答えました。すると、「えー、それでいいんですか?」と言って、その生徒さんはキツネにつままれたような顔をしていました。あまりにも簡単な答えに、おどろいたのでしょうね。

　でも、それでいいどころか、それがいいのです。思いついた日本語の表現にとらわれ、なんとか同じ意味の英単語を見つけようとしてはいけません。なるべくかみくだいて言い換える習慣をつけましょう。**簡単な日本語になれば、簡単な英語に置き換えられます**。簡単な言葉を使うと、自分も楽ですし、相手にもわかりやすいので、まさに一石二鳥(**Killing two birds with one stone.**)ですね。

もう一歩 すべてを英語で言おうと頑張り過ぎて、ほんの少しつまっただけでパニックになっては元も子もありません。どうかあわてずに、笑顔と日本語で、なんとか沈黙する間を埋めましょう。どうしても言葉につまったときは、「えっと…どうかなあ」や「うーん…わからないなあ」、「そうだなあ…」にあたる、**"Well…I'm not sure."**、**"Hmmm…I don't know."**、**"Let's see…"** などを使い、なんとか会話を続けようとしている意思表示をすることも大切です。

英語で話すといっても、同じような喜怒哀楽をもつ人間同士。笑顔を見せれば親しみがわきますし、失敗も愛嬌になることのほうが多いのです。

ポイント4 沈黙は「禁」

沈黙は会話拒否のメッセージ

　人とのコミュニケーションで、言葉はとても大切です。言葉をまったく発しなければ、会話そのものが成り立ちません。黙りこんで、下を向いてしまうと、「あなたとはお話ししたくありません」というメッセージが、みるみる伝わってしまいます。

　実際、会話の途中で相手に押し黙られることほど、つらいことはありません。ちょっと質問をしただけなのに、相手に下を向かれたり、眉間にしわを寄せられたりしたら、どうでしょう？　かなり気まずくなりますね。日本人同士なら、言わずもがなで通じることも、外国語でコミュニケーションをとる間柄では、そうはいきません。**ちゃんと言葉にしなければ、伝わらないのです。**

　例えば、来客になにも聞かずに黙ってお茶やコーヒーを出すのは日本式。でも、国際的な場面では、言葉で確認するのはごく当たり前。「コーヒーはいかがですか？」"Would you like some coffee?" と聞かれることはよくあります。

　そんなとき、「えー、どっちでもいいけど、どうしよう。今はべつに飲みたくないけど、断ったら気を悪くされるかなあ。『おかまいなく』って英語ではどう言うんだろう…」などと、相手から目をそらしてぐるぐる考えていては、沈黙が続くばかりです。コーヒーをすすめただけなのに、この人はいったいどうしてしまったのだろう、と相手から不審に思われるかもしれません。

　コーヒーを飲んでもいいと思ったら、感じよくさっと "Yes,

please. Thank you."、ほしくないのなら、笑顔で "No, thank you." と言いましょう。ことわっても、気を悪くされる可能性はまったくありません。英会話の世界では、沈黙は「禁」と心得てください。そして、なにか聞かれたら、あまり深く考えずに、気軽に早めに答えを出しましょう。

もう一歩 "No, thank you." と言ったあとに、なんとなくそっけないと思ったら、「(なにもいただかなくて) 大丈夫です」という意味で、"I'm fine." をつけてみてはいかがでしょう。ほんの一言そえるだけで、より感じのいい断り方になりますよ。

どっちでもいい気持ちをふっきる

「チョコレートは好きですか?」"Do you like chocolate?" と英語で聞かれたら、みなさんはどう答えますか? 私は迷わず、「はい、チョコレートは大好きです」"Yes, I love chocolate." と答えます。すると相手は、「それはよかった。大きな箱いっぱいもらいましたから、どうぞ食べてください」"Good. I've got a big box of chocolate. Please have some." と言って、美味しそうなチョコを差し出してくれるかもしれません。そしたら、"Oh, thanks!" とにっこり笑って2、3粒いただきます。

1章 英語を話す前の心構え

さて、同じ質問をある英語のクラスで20代の男性にしたところ、まったく答えてもらえず困ったことがありました。しかたがないので日本語で聞いてみたのですが、首をかしげて、「まあ、好きとも嫌いとも…」と言ったきり、そのさわやかな青年は押し黙ってしまいました。

これは、英会話のクラスでたびたび起こる気まずい沈黙の一つです。たぶんその青年は、正面切ってチョコレートが好きかどうかを聞かれたことなど、これまで一度もなかったのでしょう。「チョコレート？　あんまり食べないけど、嫌いってわけじゃない。中にクリームみたいなのが入っているのは苦手だけど、ビターな板チョコならたまに食べたくなる。でも、この先生、なんでチョコのことなんか聞くのかなあ…」などなど、頭の中であれこれ考えているうちに、ひたすら沈黙が続いたのでしょう。

でも、**チョコレートが好きかどうかくらいで押し黙られては、質問した方は本当に困ってしまいます。**せめて、"Chocolate?" と、ただくり返すだけも、「なぜですか？」"Why?" でも、「どうかなあ。先生はどうなの？」"I'm not sure. How about you?" でも、なんでもいいから言葉を発してほしいのです。最後の最後は、日本語でもいいからなにか言ってちょうだい！　と英語の先生は切に願います。

とにかく、英語でのコミュニケーションでは、「沈黙は禁」なのです。答えはシンプルに、なるべく早く出すように心がけてください。もし相手からチョコをすすめられて1つくらい食べてもいいと思うのなら、気楽に「はい、好きです」**"Yes, I like chocolate."**、すすめられても食べたくないのであれば、「いえ、あまり好きじゃありません」**"No, not very much."** と答えましょう。どちらにしても、相手は十分満足してくれるはずです。

好きかどうかは、さらりと答える

　好きかどうかは、ちょっとした英語の会話でしょっちゅう聞かれます。仕事の話題が出れば、"Do you like your job?"、昨日映画を観たと言えば、"Did you like it?" と質問されます。それは、「好きですか?」というより、「仕事はどうですか」、あるいは「映画はどうでしたか」と、なかば社交辞令として聞いているのです。大阪商人の日常会話、「もうかりまっか?」「ぼちぼちでんな」くらいの軽いのりでたずねているのですから、あまり深く考えず、さらりと答えましょう。

　仕事について "Do you like your job?" と聞かれて、転職を考えているほど嫌でなければ、「ええ、まずまずですよ」"Yes, it's okay." 少しふくらませて、「はい。きつい仕事ですが、やりがいはあります」"Yes, I do. It's tough but interesting." と言うなど、とにかくポジティブな返事をしたほうが無難です。

　日本人的謙遜（けんそん）から、「べつに好きじゃない」かのように答えると、「どうして?」「転職を考えているの?」「本当はどんな仕事をしたいの?」と、思わぬ追求をされかねませんのでご注意を。

　話題になりそうなことについては、あらかじめ感想を用意しておくといいですね。"Did you like the movie?" と聞かれそうなら、"Yes, I enjoyed it very much. I laughed a lot."「ええ、すごく楽しかったです。笑いっぱなしでした」や、"No, not very much. I didn't like the ending."「いや、あんまり。結末が気に入りませんでした」など、簡単な答えを考えておきましょう。

　好きか嫌いか、ほしいかほしくないか、A にするのか B にするのか、などなど、英語を話していると、日本語では聞かれそうに

1章　英語を話す前の心構え

ないことを、ずばずば質問されるので気が抜けません。面倒かもしれませんが、若者言葉の「べつに〜」というような、どちらでもいいという態度はやめて、とりあえずの答えを出すように覚悟を決めましょう。

もう一歩 相手との共通点を見つけるために、自分の好きなことを相手も好きかどうか、**こちらからどんどん質問するのもおすすめです。**そうすれば、相手からの質問攻めをかわせますし、自分のペースで会話をすすめられます。

相手も野球に興味があるとわかれば、大好きな野球の話題で会話は盛り上がることでしょう。「野球は好きですか？」**"Do you like baseball?"** とたずね、「すごく好きです！」**"Yes, very much!"** とくれば、しめたもの。「いや、あんまり」**"Well, no, not really."** と言われても、ひるむことなく、「映画はどうですか？」**"Do you like movies?"**、「現代美術にご興味は？」**"Are you interested in modern art?"**、「ジグソーパズルはします？」**"Do you do jigsaw puzzles?"** と、問い続けましょう！

ポイント5 自己紹介は丸暗記

自己紹介は準備万端に

これは基本中の基本なのですが、名前、出身地、仕事など、自分のことについての情報は、一度まとめてノートに書いておきましょう。例えば、こんな具合です。

● 例①

My name is Yukiko.
私の名前は雪子です。

I am from Kyoto, Japan.
日本の京都出身です。

I am living in Osaka with my sister now.
今は姉と大阪に住んでいます。

I go to a computer school and work part-time at a book sore.
コンピュータの学校へ行きながら本屋でバイトをしています。

1章 英語を話す前の心構え

● 例②

I'm Takashi Ono.
　小野孝です。

I'm from Niigata.
　出身は新潟です。

I live in Nagano with my daughter's family.
　娘の家族と長野に住んでいます。

I was a science teacher, but I'm retired now.
　理科の教師でしたが、今は定年退職した身です。

　こうした最低限の情報をしっかり準備しておくことは、とても大切です。そして、書いた英文を何度も声に出して読み、丸暗記しておくようにしてください。判で押したようになってもかまいません。どんなときも、すらすらと口から出てくるようにしておけば、いざというとき安心です。

もう一歩　英語では、姉や兄は、my older sister / my older brother、妹や弟は、my younger sister / my younger brotherと言います。ただ、普段はこんな長い表現は使わず、単に my sister / my brother と言い、年上か年下なのかを区別しません。例えば、姉 あるいは妹と昨日テニスをしたのなら、"I played tennis with my sister yesterday." と言います。"I played tennis with my older sister yesterday." にすると、「妹とではなく姉と」というニュアンスが出てしまうので、my sister だけのほうがより自然です。

でも、日本語では、昨日テニスをしたのが姉なのか妹なのかをはっきりさせなければなりませんね。(日本語はつくづく上下関係を気にする言語なのだと思います)。I played tennis with my sister yesterday. という英文を日本語にするとき、相手の家族構成を知っているなら問題ないのですが、知らなければ、my sister を、姉と訳すか、妹と訳すべきか、まったくお手上げです。

少しずつ情報をつけ加えよう

　状況が変わったときは、自己紹介ノートの文を差し替え、余裕ができたら情報をつけ加えましょう。趣味や家族のことなど、相手に知ってほしいこと、伝えたいことを少しずつ用意しておくと便利ですね。

● 趣味／興味

I like playing tennis and watching action movies.
　テニスをしたり、アクション映画を観るのが好きです。

I love traveling.
　旅行をするのが大好きです。

I'm interested in Japanese modern art.
　日本の現代美術に興味があります。

I go snowboarding a lot in winter.
　冬はスノーボードによく行きます。

I take tea ceremony lessons twice a month.
月に二度お茶のお稽古に通っています。

● **家族**

I have two children.
子どもは2人います。

My son, Shuji, is 12 years old and my daughter, Mika, is 16 years old.
息子の修二は12歳で、娘の美香は16歳です。

My wife teaches Japanese flower arranging, also known as Ikebana
妻は生け花を教えています。

　自分のことを相手に知ってもらうのは大切ですが、話したくないことや、話しづらいことをあえて伝える必要はありません。日本語でもそうしているはずなのですが、英語となると、どういうわけか事実をそのまま伝えようとする傾向があるようです。しかもその場で浮かんだ日本語を英訳しようとするので、たいていおかしなことになってしまいます。

　特に初心者の方は、十分準備をしてください。慣れてくれば、いろいろな表現が使えるようになり、その場での対応もできるようになると思います。でも、まずは無理をせず、ワンパターンでもしっかり伝わるように、自分のことは丸暗記しておきましょう。

● 自己紹介文を作って暗記しましょう

My name is ＿＿＿＿＿＿＿＿＿＿＿＿＿＿＿＿＿＿＿（名前）

I am from ＿＿＿＿＿＿＿＿＿＿＿＿＿＿＿＿＿＿＿＿（出身地）

I live in ＿＿＿＿＿＿＿＿＿＿＿＿＿＿＿＿＿＿＿＿＿（住所）

I like ＿＿＿＿＿＿＿＿＿＿＿＿＿＿＿＿＿＿＿＿＿＿（趣味）

＿＿＿＿＿＿＿＿＿＿＿＿＿＿＿＿＿＿＿＿＿＿＿＿＿＿＿＿＿

＿＿＿＿＿＿＿＿＿＿＿＿＿＿＿＿＿＿＿＿＿＿＿＿＿＿＿＿＿

＿＿＿＿＿＿＿＿＿＿＿＿＿＿＿＿＿＿＿＿＿＿＿＿＿＿＿＿＿

> **もう一歩** 私もドイツに行って間もない頃は、ドイツ語がほとんど話せなかったので、とにかく自分の名前と出身地、そしてドイツでなにをしているのかを丸暗記しました。そして、だれに会っても、まったく同じせりふをくり返していたものです。判で押したようなワンパターンのせりふでしたが、おかげで、相手とのコミュニケーションのすべり出しは、とてもスムーズでした。自分のことをある程度わかってもらえたことが、会話を続けるときに大きな助けになったのだと思います。
>
> 　ドイツ語力はすっかり落ちてしまいましたが、あのとき暗記した自己紹介のせりふだけは、今でもすらすら言えますよ。

1章　英語を話す前の心構え　37

想定問答も準備しておけば安心

　初対面の会話では、出身や住んでいる場所、職業など、自己紹介文に書いたような内容について、質問したり、されたりします。そういった定番の質問や答えも、暗記しておけば安心です。

　また、来日した外国人に対して、「日本の印象はいかがですか？」や「日本をどう思いますか？」という質問をすることもよくありますね。"What is your impression of Japan?" や "What do you think of Japan?" は、少し固いので、もっと気楽に、「日本はいかがですか？」"Do you like Japan?" や "How do you like Japan?" とたずねるのがおすすめです。

● 出身

Where are you from?
　　どちらのご出身ですか？

I'm from Fukuoka City, Japan.
　　日本の福岡市です。

Is Fukuoka City near Tokyo?
　　福岡市は東京の近くですか？

No, it's farther west, on the island of Kyushu.
　　いいえ、遠く西に離れた九州にあります。

● 住んでいる場所

Where do you live?
　　どちらにお住まいですか？

I live in Fukuoka City with my family.
　家族と福岡市に住んでいます。

● 家族構成

How many people are there in your family?
　何人家族ですか？

There are four of us, my wife, my son, my daughter and me.
　妻と、息子と娘、私の4人家族です。

● 職業

What do you do?
　なにをなさっているのですか？

I'm a computer programmer.
　コンピュータープログラマーです。

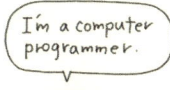

Who do you work for?
　どちらの会社にお勤めですか。

I work for ABC-Net, a software company.
　ABCネットというソフトウエアの会社です。

● 趣味

What do you like to do in your free time?
　時間のあるときは、なにをして過ごすのがお好きですか？

I like reading history books and playing with my dog.
　歴史の本を読んだり、犬と遊んだりするのが好きです。

1章　英語を話す前の心構え

● その他

How do you like Japan?
    日本はいかがですか。

I like Japan very much.
    日本のことはすごく好きです。

People are polite and very nice.
    人々は礼儀正しくて、とても親切です。

What do you like about living in this town?
    この町に暮らして、どういったところが気に入ってますか？

The beautiful buildings, good food and friendly people.
    美しい町並みと、美味しい食事、それに、気さくな人たちです。

Are you here on vacation?
    休暇でいらしているのですか。

No, I'm here on business.
    いえ、仕事です。

Are you staying here for long?
    こちらには長く滞在されるのですか？

I'm staying here for about three more months.
    あと3ヶ月ほどいます。

ポイント 6　英語を話すときは日本代表

日本人だからこそ受ける質問がある

　何年か前にロンドンの友人宅を訪ねたときのことです。その家に遊びに来ていたイギリス人の男の子に、「日本の今の天皇の名前はなんていうの？　前の天皇はヒロヒトだったでしょ」"What is the name of your Emperor now? I know the last one was Hirohito." と質問されました。小学校1年生か2年生くらいの子だったと思います。かわいらし瞳に見つめられても、そのときの私には答えがわからず、本当に情けない思いをしました。(ちなみに今の天皇陛下のお名前は「明仁」ですね)。

　英語を話す場面では、日本のことをいろいろ聞かれます。日本で日本人同士が話しているときには、言わずもがなですませていること、だれも正面切っては聞かないようなことを、不意打ちで質問されるのです。

　グローバル化がすすみ、日本人が海外に出て活躍することも当たり前の世の中になりました。日本が「侍」と「芸者」だけの国ではないことはもちろん、ハイテク化がすすみ、アニメやゲームがあふれているなど、さまざまな情報が世界中に知れ渡っています。それでも、目の前にいる外国の人にとって、私たち1人ひとりが日本人の代表なのです。

　「日本の人口は？」、「日本にはいくつ島がありますか？」など、いろいろなことを聞かれます。もちろん「わかりません」

1章　英語を話す前の心構え　41

"Sorry, I don't know." と答えてもいいでしょうし、「なるほど。あとで調べておきます」"That's a good question. I'll check it out later." と、その場をやりすごす手もあります。でも、毎回逃げるわけにはいきません。**聞かれそうな質問を予測して、あらかじめ答えを準備しておくことも大切です**。いくつか問答を書いてみましたので参考にしてください。

What is the population of Japan?
日本の人口は？
It's about one hundred thirty million.
およそ1億3千万人です。

How many islands does Japan have?
日本にはいくつ島がありますか？
It has four main islands, Hokkaido, Honshu, Shikoku, Kyushu, and a lot of small ones.
主な島は、北海道、本州、四国、九州の4つで、他に小さな島がたくさんあります。

Is your town near Tokyo?
あなたの町は東京の近くですか？
No, it's on the island of Shikoku, in the west part of Japan.
いえ、日本の西部、四国にあります。

What can I do in your town?
あなたの町でどんなことができますか？

You can enjoy visiting historical sites and eating good seafood.

　史跡を訪ねたり、おいしい海の幸を楽しんだりできますよ。

There is a new aquarium, too.

　新しくできた水族館もあります。

日本文化について説明できますか？

　初詣や節分などの季節の行事、忘年会や結婚式などの習慣、茶道や華道などの伝統文化について、みなさんは、どのくらい説明できますか？　「英語では無理！」と思った方、日本語ならどうでしょう？　説明しやすいものもあれば、しにくいものもありませんか？　知っているつもりのことでも、そのことをまったく知らない人に説明するのは、けっこう難しいものです。日本の習慣や文化を英語で説明するための本は、たくさん出版されています。インターネットでも調べられますので、必要に応じてチェックしておきましょう。

実際に説明するときは、写真やパンフレットなどを上手に使ってください。外国の人にとっては、見たことのないものばかりですから、言葉だけで説明するのは大変です。写真を見せ、色や形が一目でわかれば、会話は自然に盛り上がります。

　家族で行った初詣の写真や、自分が出席した結婚式の写真が手元にあれば、なおいいですね。日本の文化、伝統は数かぎりなくあります。まずは自分に縁のあるものを選び、話題にできるようにしておきましょう。

　デジタルカメラなどに、写真データを保存しておくと便利です。スマートフォンなどをお持ちの方は、その場で検索すれば、写真や映像を見せることもできますね。「日本の伝統文化　英語で紹介」などと検索をかけてみてください。役立ちそうなサイトがきっと見つかりますよ。

　日本の習慣や文化についてのごく簡単な説明を、2つご紹介しましょう。本に書いてあるようなきちんとした説明文ではなく、実際に受け答えをするときの場面を想定しています。

●初詣

A lot of people visit a local temple or shrine on New Year's Day in Japan.
I usually go to Meiji Shrine on the second of January with my family.

　日本では元旦にたくさんの人が地元のお寺や神社を訪れます。
　私はたいてい1月2日に家族と明治神宮へ行きますよ。

●茶道

The tea ceremony is a ceremonial way of preparing and drinking tea in a traditional Japanese room. Many people enjoy learning it as a hobby nowadays. I myself take tea ceremony lessons twice a month and learn a lot about Japanese culture.

茶道は、日本間でお茶を点て、それを飲む正式なやり方です。今は、多くの人が趣味として茶道を楽しんでいます。私自身も、月に２回茶道の稽古に通っていまして、日本文化についていろいろ学んでいます。

ポイント 7 すべて聞きとれなくても大丈夫！

想像力と状況判断で会話は成り立つ

　コミュニケーションは、行ったり来たりのキャッチボールです。自分だけが話し続けるわけではありません。当然ながら、相手も話します。つまり、**英語で会話をするということは、英語を「話す」だけでなく、相手の英語を「聞く」ことでもあるのです。**

　伝えたいことを必死で話したあと、くたびれて気が抜けてしまったり、自分が次に言うことで頭がいっぱいになったりしていませんか？　タイミングよくボールを返したら、しっかり相手の話に耳をかたむけてください。次に自分が言うせりふは、自分の中だけで生み出すのではありません。相手がなにを言うかによって、大きく左右されるのです。

　だからといって、相手が発する1つひとつの単語を、すべて聞きとる必要はありません。大切な単語は、たいてい強く発音されます。1つでも、2つでも、聞きとれた単語から、相手が伝えたいことをくみとりましょう。また、音だけに頼らず、相手の表情もよく見てください。話の流れや状況も、相手の言いたいことを理解するのに役立ちます。

　例えば、ホテルに着いてチェックインするときは、たいてい名前を聞かれます。「お名前をいただけますか？」"May I have your name, please?" を、なじみのないアクセントで言われて聞きとれなかったとしても、とりあえず自分の名前を告

げましょう。ホテルのフロントで、自分の名前を告げるのはごく自然のことですから、万が一違うことを聞かれていたとしても、堂々としていてください。

おかれた状況や話の流れから、相手がなにを言いたいのか想像することは、日本語の会話であれば、無意識のうちにだれもがやっていることだと思います。**英語になったとたん、言葉だけに頼ろうとする必要はありません。**

よく聞きとれないけれど、きっとこんなことを伝えたいのだろうな、と想像し、推測してみてください。そして、まずは思った通りに返事をしましょう。推測がはずれても、テストではありませんから減点などされません。相手は「いえいえ、そうではなくて、わたしが知りたいのは…」"No, no. What I need to know is..." と、別の言葉で言い直してくれることでしょう。

こうしたやりとりも、会話では決してマイナスではありません。**誤解されても、間違えても、なにか言ってみなければ、なにも始まらないのです。**

もう一歩 英語を聞きとる力が弱いことを、「ヒアリングがだめで…」と言う人が多いようですが、英語の hearing は聴力のことなので、そのまま英語にすると、「耳が遠い」ということになってしまいます。もとの hear という動詞は、「聞こえる」という意味です。例えば、電話口で相手の声が遠いときは、"Sorry, I can't hear you." と言います。

「聞こえる」のではなく、積極的に耳をかたむけて「聞く/聴く」ときに使われるのは、listen という単語です。ですから、音楽を聴くのが好きというのは、"I like listening to music." になります。

1章 英語を話す前の心構え

相手が話しているのにぼんやりしてると、**"Are you listening?"**「ちゃんと聞いてる？」とつっこまれてしまいます。

英語を聞いて理解する力は、**listening comprehension**。日本語でも、「リスニングが苦手で…」と言ったほうがよさそうですね。

ためらわずにくり返してもらおう

日本語でも、英語でも、相手の言葉が、まったく聞きとれないことはよくあります。そんなときは、「えっ？　なんておっしゃいました？　聞こえませんでした」"Excuse me? What did you say? I didn't get it." や、「すみません。もう一度おっしゃっていただけますか？」"Sorry, can you say that again?" や、「もう少しゆっくり話していただけますか？」"Could you speak more slowly?" などと、気楽に頼んでみましょう。だれにでもあることですから、まったく失礼になりませんし、恥じる必要もありません。それどころか、自分の言うことを、この人は一生懸命理解してくれようとしている、ありがたいなあと、高感度アップ間違いなしです。

また、教材のCDに吹きこまれているような、**わかりやすい英語を話す人は、めったにいないということも、心にとめておきましょう**。生身の人たちは、それぞれまったく違うアクセント（なまり）で英語を話します。実際の英語を聞いて、「ああ、どうしてこんなに聞きとれないのだろう？　あんなに勉強したのに！」と悩んだり、落ちこんだりしないでください。みなさんの英語力ではなく、相手の発音に問題があるのかもしれません。あわてず、さわがず、とりあえずくり返してもらいましょう。**相手の表情、口元をしっかり見て、状況をもう一度確認し、想像力を働かせてください。**

　状況をよく考えても、くり返してもらっても、ゆっくり言ってもらっても、どうしても相手の意図をくみとれないときは、「ごめんなさい。おっしゃることが理解できません」"Sorry, I don't understand." と言うしかありません。でも、そこでもう一押し、「別の言い方でおっしゃっていただけますか？」"Could you say that in another way, please?" と、食い下がることもできますよ。

もう一歩　「もう一度言ってください」とお願いするフレーズは、少なくとも2種類は用意しておきましょう。日本語でも、話している相手から、「もう一度言ってください」を3回続けて同じように言われたら、どうですか？　文法の間違いで相手を怒らせたり、いらいらさせたりすることはあまりないと思うのですが、3回連続同じことを言われると、相手がたとえ外国人であったとしても、あまりいい気分にはならないようです。実際、英会話学校で働いていたとき、普段はおだやかなアメリカ人の先生が、生徒から "I beg your pardon?" を3回続けて 言われて、さすがにむっとしていたのを覚

1章　英語を話す前の心構え　　49

えています。

　くり返しをお願いする言い回しをいくつか書いておきますので、2つ3つ選んで、いつでも口から出てくるように練習しておきましょう。

● すぐに「えっ？」と聞き返すとき
　Sorry?
　I'm sorry?
　Excuse me?
　Pardon me?
　Pardon?
　　＊すべて語尾を上げて
　　　言いましょう！

● 「もう一度言ってください」のバリエーション
　I beg your pardon?
　Can you say it once more?
　Could you repeat that?
　Could you say that again, please?

2章 伝わる英語にするために本当に大事なこと

　1章では、英語を話すときの心構えについて、7つのポイントをお話ししました。英語を話す心の準備はだいぶととのいましたか？

　この章でも、お話しするポイントは7つです。ただ、ここでは少し視点を変えて、英語そのものにふみこんでみたいと思います。みなさんが嫌いな文法の話も少し出てきますが、しばしご辛抱ください。英語とはどんな言葉なのか、どんな性質があるのか、日本語とどう違うのかなど、英語を話すときに役立つポイントにしぼって、なるべくわかりやすくお伝えするつもりです。

ポイント 8　語順のルールは絶対厳守

許される間違いと許されない間違い

　英語のことをお話しする前に、まず日本語の間違いについて考えてみましょう。例えば、「わたしは渋谷で本を1本（いっぽん）買いました」と、「わたしを渋谷に本は一冊買いました」という文を耳にしたとき、どちらのほうがわかりやすいですか？

　たぶん多くの方が前者を選ぶと思います。確かに本の数え方は「1冊」が正しいのですが、「1本」と言い間違えたからといって、だれも（日本語の先生は別として！）目くじらを立てないはずです。それどころか、間違えた人に親しみさえわくのではないでしょうか。（「本」なのですから、つい「本」で数えたくなったのでしょう。かわいらし間違いです）。

　いっぽう、「1冊」は正しく言えても、「わたしを渋谷に本は買いました」では、一瞬、なにを言いたいのかぴんときませんね。漢字まじりの文を見れば言いたいことも見えてきますが、音だけで「わたしをしぶやにほんは」と聞こえてきたら、ちょっとお手

上げです。日本語では、「て・に・を・は」の間違いは致命的になりかねません。

英語を話すときは、間違えても大丈夫ですよ、とポイント3でお話ししました。そう言って安心させておきながら申し訳ないのですが、実は、**英語にも大らかに許される間違いと、どうしても許されない間違いがあります。この2つの区別がはっきりすれば、英語という言葉にぐっと近づけるはずです。**英語を話すときに、それほど気にしなくていいことと、どうしても気をつけなければならないこと、その白黒をここではっきりつけましょう。

許される間違い

さて、こんな英文を見たり聞いたりしたら、みなさんはどう理解しますか？

Me brother want eat hamburger.

ほとんどの方が、話し手の brother（兄か弟）がハンバーガーを食べたがっているのだろうなあ、と推測したのではないでしょうか。また、この文には文法的に間違っているところ、抜けている単語がいくつかあることにも気づいたと思います。正しく書き直すと、My brother wants to eat a hamburger. になります。間違っていた文法事項は、所有格、3人称単数現在の s、to 不定詞、そして冠詞です。（英語の先生をやっていると、こうしてつい正しく直したくなります！）

文字にして書くと間違いは目立つので、学校のテストやメールや手紙では、もちろんこんな文章は NG です。でも、自然なスピー

ドの会話となれば、話は違ってきます。**この程度の間違いなら、英語の先生以外、おそらくだれも気にしません。**もちろん、間違っているなあ、ちょっと不自然だなあ、とは感じるでしょうけれど、意味が通じないということはないはずです。しかも、早く言えば早く言うほど、間違いは目立たなくなり、英語の先生すら気づかないかもしれません。

　学校英語でうるさいほど正確に覚えさせられた細かい文法は、自然に話す英語では、ありがたいことに、大らかに許されてしまうのです。

許されない間違い

　それでは、次の文を見てください。

coffee a cup of he to drink wants.

　これは少しとまどいますね。この文の問題点は、先ほどのような文法の間違いではなく、単語が並んでいる順序、つまり、語順です。このくらいの長さの文ならば、しばらくながめていると、**He wants to drink a cup of coffee.** と正しく並べ替えられ、彼はコーヒーを一杯飲みたい、とわかる人も多いことでしょう。(こうした並べ替え問題は、中学生のときによくやりましたね)。

　でも、なんとか理解できるのは、文字で見ているからです。この文を声に出してみてください。どうですか？　かなりちんぷんかんぷんに聞こえますね。どんなふうに読んでも、すぐに理解できる人は、まずいないと思います。たとえ声に出すスピードが早くなっても、さらにわかりにくくなるだけで、語順の間違いをごまか

すことはできません。

　実は、英語の語順というのは、日本語の「て・に・を・は」に匹敵するものなのです。日本語は、「〜は」や「〜を」をきちんとつければ、語順を変えても意味は通じます。でも、英語はそうはいきません。語順をひっくり返すと、「〜は」だったものが「〜を」になってしまうのです。例えば、「ライオンがシマウマを食べた」を「シマウマをライオンが食べた」と言い換えても、日本語では意味は変わりません。ところが、"The lion ate the zebra." を "The zebra ate the lion." にすると、シマウマがライオンを食べたことになってしまいます！

　細かい文法の間違いは、スポーツで言えば、ミスショットやエラーや空振りのようなものです。でも、語順の間違いは、サッカーボールを腕にかかえてゴールをめざしたり、バッターボックスから三塁側に走ったりするなど、まったくルールを無視した暴走にあたります。エラーは許されますが、ルール違反は許されません。細かい文法に比べて、言葉を並べる順番が、英語ではとても大切です。どうかそのことを十分に理解したうえで、英語学習に取り組んでください。

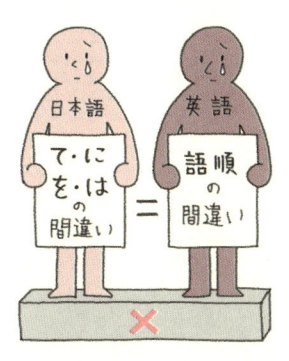

2章　伝わる英語にするために本当に大事なこと

もう一歩 細かい文法が間違っていても大丈夫、とくり返し申し上げましたが、それはあくまでも、英語を「いざ！」話すときのことです。「中学の頃に覚えさせられた文法なんて意味がない」とは、絶対に思わないでください。「中学、高校と6年間も英語を勉強したのに、日常会話もできないなんておかしい」というのも、とんだ勘違いです。今、みなさんが、英語を読んだり、書いたりできるのは、中学のときに覚えたこと、暗記させられたことのおかげです。

英語を話すことよりも、読めたり、書いたりできることのほうが、どれだけ誇らしいかしれません。

練習するときには、なるべく正しい英語にふれてください。お手本になる文を、必ず声に出して読みましょう。間違いを示す例文や、自分で作ったおかしな英文は、なるべく読まないようにしてください。野球選手が素振りをするときと同じです。フォームがくずれたまま何度素振りをしても意味がありません。正しい姿勢で、理想的な角度でバットを振るように、正しい英語を声に出して練習しましょう。

でも、いざバッターボックスに立ったら、来た球を打つことに集中します。そこに日頃の成果が出るのです。英会話も、会話という試合が始まったら、よけいなことを考えてはいけません。空振りに終わっても大丈夫。気持ちを立て直し、次の打席にのぞめばいいのですから！

ポイント9 英文の始まりは「主語＋動詞」

5文型から見えてくる「主語＋動詞」

英語の5文型というのに聞き覚えはありますか？　いやな思い出のある方も多いかもしれませんが、復習の意味をこめて、第1文型から順に書いてみます。

1　主語＋動詞　　　　　　　　　It rained.
　　(S)　(V)　　　　　　　　　雨が降りました。

2　主語＋動詞＋補語　　　　　　You look happy.
　　(S)　(V)　(C)　　　　　　君はうれしそうですね。

3　主語＋動詞＋目的語　　　　　I drink coffee.
　　(S)　(V)　(O)　　　　　　私はコーヒーを飲みます。

4　主語＋動詞＋目的語１＋目的語２　He gave me flowers.
　　(S)　(V)　(O)　(O)　　　彼は私に花をくれました。

5　主語＋動詞＋目的語＋補語　Everyone calls her Lily.
　　(S)　(V)　(O)　(C)　　　みんな彼女のことをリリーと呼びます。

ここで注目していただきたいのは、それぞれの文型の違いではなく、**共通点**です。どの文型にも必ずあるものは、なんでしょう？

2章　伝わる英語にするために本当に大事なこと

気がつきましたか？　主語と動詞ですね。すべての**文型は、主語と動詞で始まっています**。そのあとに並んでいるものは違いますけれど、どの文も始まりは主語と動詞です。英語の文が、主語と動詞なしには始まらないことが、こうして5文型からも見てとれます。

なにはなくても「主語＋動詞」

　くどいようですが英語の文は、そのほとんどが主語と動詞で始まるのです。文の主役である主語と、その文の大黒柱である動詞を、先に明らかにしてしまうのが、英語という言葉の最大の特徴と言えるでしょう。

　ですから、英語を話すときは、とにかく主語と動詞で始めることを心がけてください。三単現のsがなくてもかまいません。まずは、だれが（なにが）どうするのか（したのか）、だれが（なにが）どうなのか（どうだったのか）を伝えれば、あとは多少おかしくても、大切なところはわかってもらえます。

　例えば、「いい週末でしたか？」"Did you have a good weekend?" と聞かれて、「ええ、とっても。友人と山へ行きましてね」と答えるとします。英語では、まっさきに「だれがどうした」を言わなければなりませんから、出だしは「（私は）行きました」"I went" になります。日本語で考えてしまうと、「友人」や「山」

が先に思い浮かんでしまうかもしれません。でも、そこはぐっとこらえて、**主語＋動詞**を優先させてください。

出だしの「行きました」"I went" さえ言ってしまえば、あとは「どこへ」、「だれと」というように、つけ足していくことができます。つまり、"I went to the mountain with some friends." となるのです。

このとき、冠詞などを抜かして、"I went mountain with friend." と言ったとしても、意味は十分通じます。でも、"To the mountain I with some friends went." のような並べ替え英語になってしまったら、それこそ致命的、絶体絶命です。せめて、主語と動詞だけでも正しい位置にもってきて、"I went with some friends to the mountain." となれば、みるみる命を吹き返します。

なにはなくても「主語＋動詞」、つまり「だれがどうした」です。主語と動詞で文を始めるのが心地よくなれば、それは「英語」という道具がみなさんの手になじんできた証拠。そうなるように、**英語を読むときも、聞くときも、つねに主語と動詞をチェックする習慣をつけましょう！**

ポイント 10　会話の始まりも「主語＋動詞」

「主語＋動詞」があれば会話もはずむ

　先ほども申し上げましたが、英語の文というのは、主語と動詞のあとに情報がどんどんつけ足されていく構造になっています。ですから、欠けている情報があれば、相手はそれをおぎなうために質問したくなるのです。たとえ短い文しか言えなくても、「主語＋動詞」で始めさえすれば、会話は意外なほど順調にすすんでいきます。

　先ほどの "I went..." のあとがどんな会話になるか、続きを見てみましょう。

● 主語と動詞でつながる会話

A: What did you do over the weekend?
　週末はなにをなさいました？

B: Well, I went...
　えっと、行きましてね…

A: Where did you go?
　どちらへ？

B: Mt. Takao.
　高尾山へ。

A: Did you go camping?
　キャンプですか？

B: No, hiking.
　いえ、山歩きに。

A: With your family?
　ご家族と？

B: Yes, with my wife.
　ええ、妻と。

A: That's great. Did you enjoy the day?
　いいですね。楽しかったですか？

B: Yes, very much.
　はい、とっても。

　言葉につまってしまっても、主語と動詞 "I went…" で始められれば、こんなに自然な会話につながっていきます。最初から、**"I went hiking in Mt.Takao with my wife. We had a great time."** と、全文を一気に言わなくても大丈夫です。情報を小出しにして、言葉のキャッチボールを楽しむのは、会話の醍醐味。受け取ったボールを、自分でずっとかかえこまずに、主語と動詞だけでもいいですから、早めに投げ返すようにしましょう。

2章　伝わる英語にするために本当に大事なこと

もう一歩 先ほど、I went hiking in Mt. Takao with my wife. という文を見たとき、どうして to Mt. Takao でなく、in Mt. Takao なのだろう、と思った方もいたかもしれませんね。この went hiking、原形にすると go hiking ですが、他にも、go shopping / go skiing / go fishing / go swimming など、同じ形の表現がいろいろあり、どれも「〜をしに行く」と訳されます。そして、銀座へ買い物に行く、などと場所がつく場合は、方向を表す to ではなく、どの場所で買い物をするのかを表す、in や at が使われます。つまり、昨日銀座に買い物に行ったのなら、"I went shopping in Ginza yesterday." となるのです。

英語の文では、動詞の用法によって、そのあとに来るべき単語の形がさまざまに変化します。その使い方は大変複雑で、例外も多く、残念ながら、数学のように理屈で正解を導き出せるようなものではありません。英語のネイティブにしろ、そうでないにしろ、だれもが多かれ少なかれ、間違えます。ですから、みなさんが、in であるべきところを to と言ったからといって、それをことさら大きな声で言わないかぎり、だれも気にしません。

最後に、I went hiking in Mt. Takao. という英文に出会ったときの理想的な対処法を、簡単にお伝えしておきます。まずは「へえ、ここは in を使うのか！」と思い、「去年の夏は尾瀬にハイキングに行ったから、それを英語で言うと、I went hiking in Oze last summer. だな！」と応用すれば、完璧です。

「主語＋動詞」は最高の会話戦略

　少し大げさかもしれませんが、**英文を「主語＋動詞」で始めることは、英語を話すために考えうる最高の戦略です**。どんなときも主語と動詞を先に言うことを心がければ、それほど困ったことにはなりません。この「戦略」を持たずに英語の世界へ飛びこむのは、なにより無謀で危険なことだと思います。

　ただ、この戦略をはばむ強敵が、私たちのすぐそばにいることも忘れないでください。その強敵というのは、「日本語」です。**日本語の語順は、英語の語順をかきみだす最大の原因になります**。特に、英文の要である「主語＋動詞」を、引き裂こうとするのです。次の例文を見て、文が長くなればなるほど、英語の主語と動詞が、日本語ではどんどん遠く引き離されていくのを確かめてみてください。

　I called my daughter.
　　私は娘に電話した。

　I called my daughter last night.
　　私は昨晩娘に電話した。

　I called my daughter around ten last night.
　　私は昨晩 10 時頃娘に電話した。

　I called my daughter around ten last night to tell her about my trip to Kyoto.
　　私は、京都旅行について話すため、昨晩 10 時頃娘に電話した。

2 章　伝わる英語にするために本当に大事なこと

英語を話すときは、日本語で考えてはいけない、日本語から訳そうとしてはいけない、とよく言われます。「そんなこと言われても、英語でなんか考えられっこない!」と反発したくなる方も多いことでしょう。それはそうです。ずっと日本語で生きてきたのですから、急に英語で考えろと言われても、無理な話です。ただ、**日本語の文が、英語の語順をおかしくしてしまうことだけは、どうか肝に銘じておいてください。**日本語につられて、いちばん大事な「主語＋動詞」を引き離してはいけません。少しずつでも英語の語順で考えられるように、なにはなくても「主語＋動詞」で始められるようにしましょう。

ポイント11 英語の発音は強弱が大事

重要な単語は強く言う

　例えば、「週末はなにをしましたか?」"What did you do over the weekend?" と聞かれて、「私は家族と山へ行きました」"I went to the mountain with my family." と答えたとき、相手に伝えたい重要な単語は、どれとどれでしょうか。まず日本語で考えてみますと、伝えたいのは「私」「家族」「山」「行きました」になります。英語では、I / went / mountain / family ですね。

　ただし、話し手本人のことを語っているのが明らかであれば、日本語の場合「私」を省略して、「家族と山へ行きました」と言うのが自然です。いっぽう、英語の場合は、I を省略することはありませんが、他の重要でない単語と同じように、あまり強く発音しません。つまり、" - went - - mountain - - family" だけを強くはっきり発音し、大切なことが相手にきちんと伝わるようにするのです。

　重要な単語というのは、話す人の意図を伝えるのに欠かせない単語のことです。正しい知識を確認するためのテストとは違いますから、to や with のような「つなぎの単語」は、あまり重要視されません。ぎゃくに、そういった単語を強くはっきり発音し過ぎると、間違えたときに目立ちますし、日本語の「は」や「と」や「へ」などの助詞を強めたときのように、不自然に聞こえてしまいます。

　少しおおざっぱな言い方になりますが、英語を話すときは、相手に伝えたい重要な単語を強くはっきり発音するように心がけて

ください。もちろん、他のだれでもなく「私が家族と山へ行ったのです」と言いたければ、日本語にも「私」を入れますし、英語でもIを強く読むことになります。

学校英語で苦労した、aやtheなどの冠詞、三単現や複数形のs、am / are / isなどのbe動詞、I / my / meなどの代名詞、そして、inやonなどの前置詞は、ほとんどの場合、話す英語では目立ちません。

会話の途中で、inかonか、aなのかtheなのか迷ったときは、悩んで立ち止まらずに、間だけ入れてごまかしてしまいましょう。そんな迷いよりも、重要な単語をきわだたせて相手に伝えることのほうが、ずっと大事です。

強弱のリズムで英語らしく

重要でない単語を省いてしまう日本語に対して、英語は省くことはしませんが、相手に聞こえなくてもいいくらいの気持ちで軽く発音します。そうすることで、重要な単語が前面に押し出され、英語独特のリズムが生まれるのです。

英語は、文の中に強く読む単語と弱く読む単語があり、また、1つひとつの単語の中にも、強く読む部分と弱く読む部分があります。

例えば、I の発音記号は、<ái> です。アクセント記号は <á> の上にありますから、「ア」の音のほうが「イ」よりも強くなります。「**ア**ィ」という感じですね。また、mountain は <máuntn> で、最初の「マ」がいちばん強く発音されます。最後の <tn> には母音が入っていません。こうして子音が連続することは英語にはよくあります。日本語にはないので、発音するのは難しいかもしれませんね。ただ、連続する子音は、ほとんど音が出ないので、とにかくはっきり発音しないことが大事です。会話の中では「**マ**ゥン--」くらいにしか聞こえません。日本語のように、「マウンテン」と、すべてに母音を入れて、はっきり言うと、英語の世界ではとてもわかりにくい発音になってしまいます。

英語は、単語の中でも文の中でも強弱をつけることで、意味を伝わりやすくする言葉です。こうした音の感覚は、私たち日本人とはまったく違うので、なかなか理解しにくいですし、音を再現するのも、聞きとるのも簡単にはいきません。

相手の英語に耳をかたむけるときは、はっきり聞こえない単語は気にせず、はっきり聞こえてくる単語のみに集中しましょう。自分でも強弱をつけて声に出すようにしていると、聞くときのコツもだんだんつかめてきます。無理をせず、少しずつ英語のリズムに慣れていってください。くれぐれもお経をとなえるような、たんたんとした読み方にはなりませんように！

2章　伝わる英語にするために本当に大事なこと

もう一歩 英単語の中には必ず強く読む音（アクセント）があるので、英語を母語にする人たちは、日本語の単語を発音するときも、どこかにアクセントを入れずにはいられません。

ですから、「着物」は「も」をやたらと強く発音して「キ**モ**ーノ」、「カラオケ」は「カラ**オ**ーケ」、「枝豆」は「エダ**マ**ーメ」になってしまいます。しかも、わかりやすく言おうとするとき、日本語なら「カ・ラ・オ・ケ」と一語一語はっきり同じ調子で発音するところを、英語を話す人たちは、強いところはより強く、弱いところはより弱くするので、しまいには「--**オ**ーケ」しか聞こえなくなってしまうのです。

以前、日本語が話せないアメリカ人の友人とおしゃべりをしていたとき、「**キ**ドー」がどうのこうのと言われて、なんのことかわからず、そんな英単語あったかしらと首をひねっていたら、なんとそれは「合気道」のことでした。英語風のアクセントをつけられてしまうと、もはや日本語には聞こえないのです。

ぎゃくに、英語の単語を発音するとき、日本語のような一本調子で発音してしまうと、とても英語には聞こえない！　と思われてしまうかもしれませんね。そうならないようにアクセントの位置をチェックしたら、なるべく強弱をつけて発音しましょう。

ポイント12 「間」が悪ければ伝わらない

単語のつながり方を知っておこう

相手に伝わる言葉にするためには、どの単語とどの単語がつながっているのかを見極めることも大切です。

例えば、「私は家族と山へ行きました」という日本文は、「私は / 家族と / 山へ / 行きました」というつながりがあります。ですから、読むときは、「わたしは / かぞくと / やまへ / いきました」という間のとり方になれば自然です。これを「わたし / はかぞく / とやま / へいき / ました」と読まれたら、ちょっと困りますね。

英語でもほぼ同じです。"I went to the mountain with my family." という文は、"I / went / to the mountain / with my family." というつながりでできています。"I / went to / the mountain / with my family." だと思っていた方もいるかもしれませんね。前置詞の to は、あとにくる単語と強く結びつきますから、英語でも日本語の「へ」のように、行き先である the mountain と強く結びつきます。ですから、"I took my family / to the mountain."「私は家族を / 山へ / 連れて行きました」という文もあれば、"We drove / to the mountain."「山へ / 車で行きました」とも言います。つまり、つながっているのは、to と場所なのです。

2章 伝わる英語にするために本当に大事なこと

もう一歩 「買い物に行く」という英語は go shopping で、go と shopping は強く結びついていますから、その間に to が入ることはありません。そもそも shopping は行き先ではないので、方向を表す to とは結びつかないのです。

英会話学校にいた頃、来日間もない外国人講師がよく「日本人はどうしてみんな go shopping の間に to を入れたがるんだろう？！」と本気で不思議がっていました。日本語では、「渋谷に行く」も「買い物に行く」も、どちらも同じ「に」を使うのだと説明すると、たいていは「なるほど」という顔になりましたけれど。

間を入れて読んでみよう

それでは、例文で間のとり方を確認してみたいと思います。最初は (/) のところで間を入れて読んでみてください。裏を返せば、(/) のないところには間を入れないということです。そして、だんだん (/) の間を小さくしていきましょう。より大きな間に、斜め線を２つ (//) 入れました。最終的には (//) のあるところにだけ間を入れて読むと、より自然な英語に近づきます。

日本文も参考にしてください。語順は違いますが、間のとり方は案外似ています。

My parents // live / in Hokkaido.
（私の）両親は // 北海道に / 住んでいます。

I don't know // how to say it / in English.
英語で / それをなんて言うのか // （私は）わかりません。

Did you / go shopping / with your mother // last Saturday?
　（あなたは /）先週の土曜日 // お母さんと / 買い物に行きましたか。

Which bus // goes / to the art museum?
　どのバスが // 美術館へ / 行きますか？

　うまく間をとって読めましたか？　英語らしい発音をマスターするには、時間も努力も必要です。とりあえず、重要な単語をはっきり読むことと、強くつながっている単語と単語の間をあけないようにすることを心がけてください。それだけでも、今までよりずっと伝わりやすい英語になるはずです！

　なお、英語の音の法則について、もう少し詳しくお知りになりたい方は、前著『学び直しは中学英語で』をご覧ください。

> え〜ぇ、落語家は間が命です

2章　伝わる英語にするために本当に大事なこと

ポイント 13　疑問文を上手に使うコツ

What や How などの疑問詞の使い方

　会話をするということは、質問したりされたりすることでもあります。実践編の前に、疑問文について少し整理しておきましょう。

　英語の疑問文（質問文）というのは、大きく分けて2種類あります。一つは、**Do you play golf?** などのように、**Yes** か **No** を聞く形で、もう一つは、**What**（なに）/ **Where**（どこ）/ **When**（いつ）/ **Who**（だれ）/ **Why**（なぜ）/ **How**（どのくらい・どうやって）などの**疑問詞のついた形**です。

　疑問詞のついた質問文をいくつか書いてみました。それぞれの疑問詞の意味をかみしめながら、声に出して読んでみましょう。

What（なに）?

What did you do on your summer vacation?
　夏休みはなにをしましたか？

What time should we meet?
　何時に待ち合わせましょうか？

Where（どこ）?

Where is the information counter?
　案内所はどこですか？

Where would you like to go on your summer vacation?
　夏休みはどこへ行きたいですか？

When (いつ) ?

When is your wedding anniversary?
結婚記念日はいつですか？

When did you come back from China?
中国からいつ戻ったのですか？

Who (だれ) ? / Whose (だれの) ?

Who is calling, please?
（電話で）どちら様ですか？

Who did you go with?
だれと一緒に行ったのですか？

Whose cell phone is this?
これはだれの携帯電話ですか？

Which (どちら) ?

Which country do you want to visit next?
次はどの国へ行きたいですか？

Why (なぜ) ?

Why do you want to visit Cambodia?
なぜカンボジアを訪れたいのですか？

How (どうやって / どのくらい) ?

How did you come here?
どうやってここまで来たのですか？（交通手段）

How long have you been in Japan?
日本にはもうどのくらいの期間いらっしゃるのですか？

2章　伝わる英語にするために本当に大事なこと　73

英語は、いちばん大事なもの、その文の主役が文頭に来ます。普通の文では、それはもちろん主語。でも、**質問文では、聞きたいことそのものが主役になりますから、疑問詞の位置はいつも文の先頭です。**

疑問詞と Yes/No を聞く質問を織りまぜて使おう

　相手がどこに住んでいるのかを知りたいときは、どんな質問をしますか？　まっさきに浮かぶのは、疑問詞のついた "**Where do you live?**"「どこにお住まいですか？」かもしれませんね。もちろん、それは正解です。

　でも、疑問詞を使わずに、「この近くにお住まいですか？」"**Do you live near here?**" や、少し見当をつけて、「○○○にお住まいですか？」"**Do you live in ○○○?**" とたずねても、相手の住んでいる場所を知ることはできます。しかも場合によっては、そのほうが、より自然に聞こえたり、感じのいい質問になったりもするのです。

　相手にいくつか続けて質問するときは、疑問詞の質問ばかりだと、まるで尋問（じんもん）のようで、あまりいい感じがしません。そんなときは、積極的に Yes / No クエスチョンを織りまぜましょう。

　疑問文に注目しながら、次の会話文を読んでみてください。

A: Roberto, where are you from?
ロベルトはどこの出身？

B: I'm from Rio in Brazil. How about you, Masao?
ブラジルのリオだよ。正雄は？

A: I'm from Nagoya. But now I'm living in Yokohama.
ぼくは名古屋。でも今は横浜に住んでいるんだ。
Are you living near Tokyo?
ロベルトは東京近郊に住んでるの？

B: Yes, I'm living in Oomiya now.
今は大宮に住んでるんだ。

A: Do you work in Oomiya?
職場も大宮？

B: No, my office is in Ueno.
いや、事務所は上野だよ。

A: Really? I work in Ueno, too.
へえ、ぼくの仕事場も上野なんだ。

Are you living near Tokyo?

2章 伝わる英語にするために本当に大事なこと

第三の疑問文 How about you?

How about you? は、相手からなにか質問されて自分が答えたあとに、「あなたは?」と質問を返すときに使うフレーズとして、みなさんもよくご存知かと思います。先ほどのロベルトのせりふにもありましたね。

でも、How about you? の使い方は、それだけではありません。相手に聞きたいことがあるのに、うまく質問文が作れないときも "How about you?" はとても便利に使えます。

例えば、相手がどんな映画が好きかを知りたいとき、"What kind of movies do you like?" という疑問文がすぐに出てこなければ、"I like action movies. How about you?" と言えば大丈夫です。会社までどんな交通手段で行くのかを知りたければ、"I go to work by train. How about you?"、最寄りの駅を知りたいなら、"I live near Fujimidai Station. How about you?" で問題なく答えを引き出せます。質問文にするより簡単だと思いませんか？　しかも、この方法は、自分のことを伝えたうえで相手に質問しているので、感じがよく、とても自然に聞こえます。それに、質問された人にとっても、なにを聞かれているのかが大変わかりやすいのです。

質問の幅が広がる How about you + いろいろ?

How about you? の you を他の単語に変えると、質問の幅がさらに広がります。次の例文を見てください。

A: Our town is famous for its old castle.
   私どもの町は古いお城で有名です。
   How about your town?
   あなたの町はどうですか？

B: Nothing special. It is just small and quiet.
   これといってありません。ただ小さくて静かな町ですから。
   But the people are all very nice and friendly.
   でも、住人たちはみんなとても親切で気さくですよ。

....

A: Oh, my cell phone doesn't work here. How about your phone?
   あれ、ここでは携帯電話が使えないわ。あなたの携帯はどう？

B: It works all right. You can use mine.
   大丈夫。ぼくのを使っていいよ。

A: Let's go out together this weekend!
今週末一緒に出かけましょうよ。

B: Sounds great! Where do you want to go?
いいよ！　どこに行く？

A: How about Disneyland?
ディズニーランドはどう？

B: Perfect!
最高だね！

疑問詞を使った質問文、Yes / No を聞く質問文だけでなく、自分のことを話してから How about you? と相手のことを聞く方法や、「How about ＋ いろいろ」疑問文も、ぜひみなさんの質問レパートリーに加えてください。

もう一歩 電話で英語を話すのは、なかなかの大仕事です。なにしろ相手の顔が見えませんし、受話器を通してでは、聞きとりにくさも倍増します。電話がかかってきて、もし相手が英語で話し出したときは、落ち着いて、「どちら様ですか？」と聞きましょう。先ほど出てきた、**"Who is calling, please?"** ですね。間違い電話のようなら、**"I think you have the wrong number."** と言えば通じます。

自分から電話をかけるときは、相手が出たら、「ナタリーはいます？」**"Is Nathalie there?"** や、丁寧に **"May I speak to Ms. Portman?"** とたずねるのが一般的です。本人が出ていれば、**"Speaking."** と答え、取り次ぐのなら、**"Okay."** と言って呼び出してあげましょう。ただ、今は

携帯電話が主流なので、いきなり、"Hi, Nathalie! This is Mari." と始まることのほうが多いかもしれませんね。

　「電話に出る」というのは、英語では answer the phone です。電話が鳴っているけれど、自分が出られないので「出てもらえますか？」と頼むなら、"Can you answer the phone?" と言います。

ポイント14 疑問文に上手に答えるコツ

否定疑問文には長く答えよう

　意外だったり、少し驚いたりしたときに、「テレビはまったく見ないのですか?」"Don't you watch TV at all?"（否定疑問文）と言ったり、念のため確認したいときに「お笑い番組は見ませんよね?」"You don't watch comedy shows, do you?"（付加疑問文）と聞いたりすることは、よくあります。

　特に難しいことはないはずなのですが、「はい＝Yes」と「いいえ＝No」が英語と日本語で噛み合わないことがあり、ややこしいと感じている方は多いようです。

　日本語では、相手の言ったことが正しいかどうかで「はい」と「いいえ」を使い分けます。ですから、テレビを見ない場合、「見ますか?」と聞かれれば、「いいえ、見ません」、「見ないのですか?」と問われれば、「はい、見ません」と答えます。

　ところが、英語では、「見ますか?」と聞かれても、「見ないのですか?」と聞かれても、見ないのであれば、"No, I don't."「いいえ、見ません」と答えます。つまり、なんと聞かれても、答えのYes / Noが変わることはないのです。

　英会話のクラスなら、正しくYes / Noが言えるようになるまで、ドリル練習をするかもしれませんね。でも、正しく言えなくても心配しないでください。ややこしいときには、わざわざYes / Noを言う必要はないのですから。

　見ないのであれば、「テレビは見ません」"I don't watch TV."

と、自分の言いたいことをはっきり伝えましょう。そうすれば、Yes / No がなくても、もしくは間違えて言ってしまっても、まったく問題ありません。Yes / No だけ言って終わりにするほうが、誤解されたり、そっけない印象を与えたりするので、よっぽど危険です。このような疑問文には、情報を追加して、少し長めに答えるのがコツです。

では、まぎらわしい疑問文と、その答え方を確認してみましょう。

●否定疑問文

A: Don't you watch TV at all?
　テレビはまったく見ないのですか？

B: (No,) I don't watch TV, but I listen to the radio every morning.
　（ええ、）テレビは見ませんが、毎朝ラジオを聞いています。

A: Didn't you set the alarm?
　目覚ましをセットしておかなかったのですか？

B: Of course, I did. I set it for 7:00, but it didn't wake me up.
　もちろん7時にセットしましたよ。でも、目が覚めなかったんです。

2章　伝わる英語にするために本当に大事なこと　　81

● 否定付加疑問文

A: You don't watch comedy shows, do you?
お笑い番組は見ませんよね？

B: (Yes,) I enjoy comedy shows with my children.
(いいえ) お笑い番組なら子どもたちと楽しみに見ていますよ。

....

A: This newspaper is not yours, is it?
こちらの新聞は、あなたのではありませんよね。

B: It's not mine.
わたしのではありません。

答えに少し上乗せすると会話がはずむ

なにか質問をされたとき、ほんの少し上乗せするつもりで答えると、会話はよりスムーズにつながっていきます。例えば、「チョコレートは好きですか？」"Do you like chocolate?" と聞かれて、「はい、好きです」"Yes, I like it." では、ちょっともの足りないというか、「好きだ」という気持ちがあまり強く伝わりません。

そこで、「大好きです」"Yes, I love it." とか、「すごく好きです」"Yes, I like it very much." など、ほんの少し like のグレードを上げたり、「ときどき食べ過ぎてしまいます」"Yes, I sometimes eat it too much." など、さらに情報をプラスしたりすると、とても感じのいい答えになり、会話もはずむこと間違いなしです。

いくつか例文を見てみましょう。

A: Did you go to Okinawa this summer?
今年の夏は沖縄へいらしたのですか？

B: Yes, with my family.
ええ、家族とね。

A: Did you have fun?
楽しかったですか？

B: We had a lot of fun. My children loved the ocean.
すごく楽しかったですよ。子どもたちは海に大喜びでした。

....

A: Where are you from?
ご出身はどちらですか？

B: Aomori. It's in the northern part of Japan.
青森です。日本の北部にある町です。

A: Do you have snow in the winter?
冬は雪が降りますか？

B: Oh, yes. We have a lot of snow all winter long.
ええ、それはもう。冬中たくさん降りますよ。

2章　伝わる英語にするために本当に大事なこと　83

A: Do you live in Tokyo?
　お住まいは東京ですか？

B: No, <u>I live in Ichikawa, Chiba</u>.
　いえ、千葉の市川です。

A: How long does it take to get there from Tokyo?
　東京からどのくらいかかりますか？

B: Well, it takes about 30 minutes <u>by train</u>.
　まあ、電車で 30 分くらいでしょうか。

A: Do you use JR?
　JR をお使いですか？

B: Yes, <u>the Sobu line</u>.
　ええ、総武線です。

いかがですか？　少しずつ情報がプラスされると、答えが次の質問につながっていきますね。

　会話はキャッチボールのようなものだ、とよく言われます。**質問を投げかけられたら、答えてまた投げ返す、そのリズムとバランスが大切です。**どちらか一方が質問する「面接」interview ではなく、より自然な「会話」conversation をめざしましょう。

実践編

　お待たせしました。いよいよここからは英会話の実践編です。基本編でお話ししてきた14のポイントをふまえ、より具体的なコツを、会話文を通してお伝えしていきます。ご自身の状況などに合わせて別の単語に置き換え、どんどん声に出してみてください。

Relax and enjoy speaking English!
肩の力を抜いて、楽しく英語を話しましょう!

3章

いろいろな場面での会話

　この章では、英語を話すときのさまざまな場面で役立つヒントを、8つのポイントにまとめてお伝えしていきます。会話文は、なるべく、カジュアルなものと、少しフォーマルなもの両方を設定するようにしました。声に出して読み、会話全体のイメージをつかんでください。そして、ご自身の状況に合わせて単語を入れ換え、さらに何度も声に出して読んでみましょう。できれば練習相手を見つけて、ドラマのせりふのつもりで読み合うことができれば最高ですね。

ポイント 15　あいさつで会話を始める

初対面の人に

　初めて会った人には、名乗り合ったあとで "Nice to meet you." と言うのが基本です。少しフォーマルなときは、"Pleased to meet you." や "I'm glad to meet you." なども便利ですね。どれも、先に言われてしまったら、「**こちらこそ**」という気持ちをこめて、同じ形に **too** をつけて返しましょう。

● 初対面のカジュアルなあいさつ

　A: Hello, my name's Anastasia.
　　こんにちは。アナスタシアです。

　B: Sorry, your name is A---?
　　ごめん、ア…なんていうの？

　A: Anastasia. Just call me Ana.
　　アナスタシア。アナでいいわ。

　B: Nice to meet you, Ana.
　　よろしくね、アナ。
　　I'm Kentaro Watanabe. Please call me Ken.
　　ぼくは渡辺健太郎。ケンでいいよ。

A: Nice to meet you, too, Ken.
   こちらこそよろしくね、ケン。

B: Ana, are you living in Tokyo now?
   今は東京に住んでるの？

A: Yes, in Nerima.
   ええ、練馬よ。
   How about you, Ken?
   ケンは？

B: I live in Chiba, near Tokyo Disneyland.
   千葉だよ。東京ディズニーランドの近くなんだ。

A: Wow, that's wonderful!
   わあ、いいわね！

だれかを紹介するとき

知り合いを相手に紹介するときは、「こちらは○○さんです」というつもりで、"This is Mr. Green." のように言います。このとき、"He is Mr. Green." とは言いませんのでご注意ください。**目の前にいる人に代名詞を使うのは、英語でもちょっと失礼に聞こえます**。もしその人のことについてなにか説明を加えるときは、代名詞にせず、"Mr. Green is my English teacher." と固有名詞をそのまま使いましょう。

紹介するときに、"This is my English teacher, Mr. Green."

3章 いろいろな場面での会話

などと、自分との関係を伝えることもよくあります。

● クライアントに紹介されたときのあいさつ

A: Mr. Johnson, this is my co-worker, Ms. Tanaka.
ジョンソンさん、こちらが同僚の田中です。

B: Pleased to meet you, Ms. Tanaka.
お目にかかれてうれしいです、田中さん。

C: Pleased to meet you, too, Mr. Johnson.
こちらこそ。

Is this your first visit to Japan?
日本は初めてですか？

B: Well, it's my first business trip here.
まあ、仕事で来るのは初めてなんですがね。

But I traveled all over Japan when I was a college student.
大学生のとき、日本中を旅してまわったんですよ。

C: Really? From Hokkaido to Okinawa?
そうなんですか。北海道から沖縄まで？

B: Well, from Hokkaido to Kyushu.
それが、北海道から九州までだったんですよ。

I would really like to go to Okinawa some day.
いつかぜひ沖縄まで行きたいものです。

会ったことのある人に

初対面でなければ、"Nice to meet you." の代わりに、"Good to see you." とあいさつします。直訳すれば、「また会えてうれしい」という意味で、日本語ではわざわざ言わないかもしれませんが、**英語の会話では決まり文句なので気軽に使ってください。**

● 友人とのあいさつ

A: Hi, Ken! Good to see you.
　　こんにちは、ケン！

B: Oh, hi, Ana! Good to see you, too.
　　やあ、アナ！
　How are you doing today?
　　どう今日は、元気？

A: Good, thanks. How about you?
　　元気よ。ケンは？

B: Not bad.
　　元気だよ。
　Ana, do you have time for coffee now?
　　今コーヒー飲む時間ある？

A: Sure. Let's go to the cafe over there.
　　もちろんよ。あそこのカフェに行きましょう。

3章　いろいろな場面での会話

もう一歩 英語の meet には、「初めて出会う」という意味があります。ですから、"Nice to meet you." が「初めましてよろしく」という意味になるのですね。紹介したい人がいるときは、"Please meet my daughter, Eri." 「娘の恵理を紹介します」と言えば簡単です。

すでに会って話したことがある人には、meet ではなく "Good to see you." の see を使います。「今夜は高校時代の友人（数人）と会います」は、"I'm going to see some friends from high school tonight." です。では、"Are you seeing anyone?" は、どんな意味になるでしょう？　答えは、「だれかつき合ってる人いるの?」です！

フォーマルな会話では省略をひかえる

フォーマルな会話では、<u>少し省略をひかえると丁寧に聞こえます</u>。

"Good to see you!" は "It's good to see you." に、"Glad to see you again." は "I'm glad to see you again." に、"Fine, thanks." も "I'm fine, thank you." というように、省略せずになるべく長く、気持ちをこめてはっきり言うのがコツです。

わざわざ来てくれたお客様に対しては、お礼の "Thank you for coming." と、飲み物をすすめる "Would you like some coffee?" くらいは言えるようにしておきましょう。

（吹き出し）I'm glad to see you again. / Thank you for coming.

●来社したクライアントとのあいさつ

A: Good morning, Mr. Johnson.
ジョンソンさん、おはようございます。
I'm glad to see you again.
またお目にかかれてうれしいです。
Thank you for coming.
お越しいただいて、ありがとうございます。

B: Good morning, Ms. Tanaka.
おはようございます、田中さん。
I'm glad to see you again too.
こちらこそお会いできてうれしいです。
How are you?
お元気ですか?

A: I'm very well, thank you. And you?
はい、ありがとうございます。ジョンソンさんは?

B: Just great, thank you.
ええ、元気ですよ。

A: Would you like some coffee?
コーヒーはいかがですか?

B: Yes, that would be nice.
ええ、いただきます。

3章 いろいろな場面での会話

もう一歩 日本語でも、「お元気ですか?」「調子はどうですか?」「お元気でしたか?」と、いくつかバリエーションがあるように、英語にも "How are you?" に似た表現がいろいろあります。ここでは6つの言い方をご紹介しましょう。もちろん全部覚える必要はありません。まずは1つだけ気に入ったものをしっかり身につけ、余裕ができたら、2つ、3つとレパートリーを増やしてください。

返事の例も書きました。こちらは質問のタイプに関係なく使って大丈夫です。

日本語でも同じですが、"How are you?" は、健康状態などを本気でたずねているわけではなく、単なる「あいさつ」であり、話のきっかけです。問題なければ、さらりと答えて次の話題にすすみましょう。

●あなたはどんなぐあいですかタイプ

How are you?
How are you doing?

●ものごとはどんな調子ですかタイプ

How are things going?
How's everything with you?

●久しぶりに会ってお元気でしたかタイプ

How have you been?
How have you been doing?

● 「元気ですよ」という返事

Good, thanks.
Just great.
Pretty good.
Everything's great.

久しぶりに再会したとき

友人知人と久しぶりに会ったときは、まずは笑顔で再会の喜びを表します。場合によっては抱き合うこともあるかもしれませんね。

「久しぶり！」という英語の表現は、"Long time no see!"や"It's been a long time!"（It'sは、It hasの省略形）です。

"Long time no see!"というのは、少し変わった形の文ですね。もともとは、中国系のアメリカ人が、中国語の「好久不見」を直訳して使い始めた表現らしいのですが、今では決まり文句として、本場イギリスでも定着しています。

● カジュアルな再会のあいさつ

A: Hey, Ana! Long time no see!
　　やあ、アナ！　久しぶりだね。

B: Oh, hi, Ken! About 2 years, right?
　　まあ、ケン！　2年ぶりくらいかしら。

A: That's right.
　　そうだね。

3章　いろいろな場面での会話

How have you been, Ana?

元気だった？

B: Pretty good, thanks.

元気だったわよ。

Ken, do you still live near Disneyland?

ねえ、まだディズニーランドの近くに住んでるの？

A: No, I moved to Sumida-ku last year.

いや、去年墨田区へ越したんだ。

Near Sky Tree.

スカイツリーの近くだよ。

B: Wow, that's nice!

あら、素敵ね！

久しぶりの再会で活躍する still

　久しぶりに会った相手には、なにか変化があったかどうかをたずねることが多いと思います。そのとき大活躍するのは、still という単語です。日本語にすると、「**まだ / 相変わらず**」という意味を表します。「まだ横浜にお住まいですか？」 "Do you still live in Yokohama?" や、「相変わらず週末はゴルフですか？」 "Do you still play golf on weekends?" など、**再会らしい話のきっかけになります**。先ほどのケンとアナの会話にもありましたね。

●クライアントとの久しぶりの再会

A: Hello, Mr. Johnson! It's been a long time!
　ジョンソンさん、ご無沙汰していました。

B: Oh, hello, Ms. Tanaka! How have you been doing?
　いやー、田中さん！ お元気でしたか？

A: I've been doing very well, thank you.
　おかげさまで、元気にしておりました。
　How about you, Mr. Johnson? How's everything with you?
　ジョンソンさんは、いかがですか？ お変わりありませんか？

A: Everything's great.
　ええ、おかげさまで。
　Are you still at the Yokohama office, Ms. Tanaka?
　田中さんはまだ横浜支社にいらっしゃるのですか？

B: Yes, but I'm moving to the head office in Tokyo this April.
　ええ。ただ、この4月から東京本社勤務になります。

A: Oh, that's great.
　それは、それは。

呼んでほしい名前は自分で告げよう

　英語で会話をするときは、名前をしょっちゅう呼び合います。あいさつのときも、"Hi, Bob!" や "Hello, Mr. Carter." など、相手の名前を呼ぶのが一般的です。ですから、**初めて会ったときに名前（呼び名）を確認し合うことは、とても大切なのです。**

　名乗るときは、相手から呼んでもらいたい名前を告げるのが基本です。例えば、高橋裕之という人が、Hiro と読んでほしいのであれば、"I'm Hiro." と最初から名乗ります。フルネームを告げたあとで、「Hiro と呼んでください」"Please call me Hiro." とつけ加えても大丈夫です。

　なじみのない国の人の名前をフルネームで聞いて、圧倒されたことはありませんか？　例えば、「私はプラパワデ・ジャロエンラタナタラコンです」と一気に言われたら、どうでしょう？（これは実在しているタイの女子重量挙げ選手の名前です）。ちょっととまどいますね。でも、"My name is Hiroyuki Takahashi" というのも、日本名に慣れていない人にとっては、同じくらいの衝撃があるかもしれません。英語のコミュニケーションでは、いろいろな国の人と交流しますし、名前を呼び合うことも多いので、なるべく相手にわかりやすく名乗るのが親切ですね。

もう一歩 英国のウィリアム王子（Prince William）とご成婚されたケイトさんは、王妃となってからは、正式名のキャサリン妃（Princess Catherine）として紹介されています。いくら親しみのある王室とはいえ、愛称のケイトではくだけ過ぎ、という判断のようです。

英語の名前（first name / given name）は、**なるべく相手から呼びやすいように**、キャサリン（Catherine）なら、ケイト（Kate）やキャシー（Cathy）、ウィリアム（William）なら、ビル（Bill）やウィル（Will）などの**愛称（nickname）を使います**。もちろん、子どもの頃からずっと正式名で通す人もいますし、大人になっても愛称を使い続ける人もいるなど、名前に対する思いは人それぞれです。

一般的に、ヨーロッパでは伝統的な名前を子どもにつけることが多いようですが、アメリカでは新しい奇抜な名前をつける親もいます。英会話学校に勤めていた頃、フリーダム（Freedom ＝ 自由）という名前のアメリカ人の先生がいました。聞いてみると、やはりご両親は、愛と平和と自由を愛したヒッピー世代の若者だったそうです。

名字（second name / family name） については、アイルランド系、ドイツ系、ラテン系、スラブ系など、それこそいろいろな姓があり、スペルや発音の仕方が想像つかないものもたくさんあります。**職業や土地に由来しているものが多く**、カーペンター（Carpenter）さんは大工さん、スミス（Smith）さんは鍛冶屋さん、ウォール（Wall）さんは城壁の近く、ウォーターハウス（Waterhouse）さんは水辺の近くに住む人、というのが由来です。

3章　いろいろな場面での会話

また、○○の息子という意味の名字も多くあります。そのまま息子という意味の son がついている、ジョンソン（Johnson）や リチャードソン（Richardson）など、聞き覚えがあるのではないでしょうか。スコットランドやアイルランド系の名字につく mac にも「息子」という意味があります。マクドナルド（Macdonald / MacDonald）さんは、ドナルドの息子という意味なのですね。

　日本語では、知り合うとまず名字から覚え、その後もたいてい名字で呼び合いますから、下の名前は知らないという知人友人も多いのではありませんか？　英語はまったくそのぎゃくで、親しくなった人でも、名字は知らないことがよくあります。そういえば、フリーダム先生の名字も、まったく覚えがありません！

先生を呼ぶときも名前や名字で

　ところで、外国人の英語の先生が、"Hi, everyone! I'm Bob." と自己紹介することはよくあります。これは、「ボブと呼んでください」ということですから、英語で話しかけるときは、たとえ先生であっても、"Hello, Bob!" と呼びかけてまったく問題ありません。ファーストネーム（名字でない下の名前）に Mr. などの敬称をつけることはありませんし、「○○先生」のつもりで teacher を使うこともできません。**英語の teacher という単語は、敬称でも肩書きでもなく職業名なので、"Teacher!" と呼びかけるのは失礼です。**小・中・高の先生のことは、たいてい名字に Mr. や Ms. をつけて呼びます。男性のカーター先生は、Mr. Carter、女性のブラウン先生なら Ms. Brown です。日本の事情がわかっている外国人には、英語で話すときでも、"Bob-sensei" や "Bob-san" と呼びかけることもよくあります。

名字に敬称をつけて呼んでほしいときは、"Hello. I'm Professor Yamada."と言います。そうすれば、"It's very nice to meet you, Professor Yamada."「お会いできて光栄です、山田教授（先生）」と、あいさつしてもらえるでしょう。（大学の先生を意味するprofessorは、肩書きや敬称にも使うので、単なる職業名のteacherとは違います。ですから、"Professor!"と呼びかけても失礼ではありません）。

　Professorだけでなく、Mr. ○○やMs. ○○、Doctor ○○などの敬称をつけて名乗ることもできます。とにかく、**名乗るときは、呼んでほしい形で自分の名前を伝えるのが基本だと覚えておきましょう。**

　相手の名前が聞きとれないときは、<u>"Sorry, what's your name again?"</u>ともう一度言ってもらったり、場合によってはスペルをたずねたりもします。<u>"Could you spell your name, please?"</u>や<u>"How do you spell your name?"</u>なども覚えておくと便利ですね。

もう一歩　会社の上司や同僚のことをクライアントに話すとき、日本語では「次のミーティングには同僚の田中が出席いたします」と呼び捨てにしますが、英語では同僚でも"My co-worker, Ms. Tanaka, is going to attend the next meeting."とMr.やMs.をつけるのが<u>一般的</u>です。（Mrs.は既婚か未婚かを区別することになるので、今はたいてい中立のMs.が使われます）。

　Mr. ○○やMs. ○○というのは、日本語の「さん」や「様」にあたるものとされていますが、まったく同じではありません。その人が女性なのか男性なのかを伝える役割もあるのです。日本語の「田中さん」だけでは、会ってみるまで男性か女性かわかりませんからね。

ひと休み では、気晴らしに、なぞなぞをひとつ出しましょう。
ある日、お父さんトマトと、その息子がジョギングに出かけました。とちゅう急な坂道があり、お父さんトマトは一気に駆け上がっていきました。さて、坂の上にたどり着いたお父さんトマトは、あとからやってくる息子に、なんと声をかけたでしょうか？

答えは、「追いつけ！」なのですが、これを英語で言うと？ "Catch up!" ですね。まだ落ちが見えませんか？

では、発音してみましょう。「キャッチアップ」では英語らしくありませんので、「キャッチ」の「チ」と「アップ」の「ア」をつなげて、「チャ」にします。すると、「キャチャップ」になりました。カタカナ読みでも、「ケチャップ」に似ていませんか？　つまり、トマトのお父さんが「ケチャップ！」と叫んだということです。

ケチャップのスペルは、**ketchup** だけでなく、**catchup**（特にアメリカ）も使われます。まさに、どんぴしゃりの答えですね！

ポイント 16　スモールトークで話題を広げる

スモールトークとは？

　ひと通りのあいさつがすむと、次はちょっとした雑談をするのが会話の自然な流れです。そういった雑談のことを、英語では**スモールトーク**（small talk）といいます。ごく親しい人との単なるおしゃべり（chat）ではなく、**社交的な場での気の利いた世間話**といったところでしょうか。どちらかといえば口べたな私たち日本人には、あまり得意な分野ではありませんね。

　ここでは、顔見知りではなく、初対面であいさつしたあとのスモールトークについてお話しします。**スモールトークは本題に入る前の準備運動みたいなもの**ですから、ここを乗り切れば、3分の壁はらくらく越えられます。

出身地はかっこうの話題

　相手の出身地や住んでいる場所については、その人の個人的なことではないので、だれにとっても話しやすい話題です。相手の出身地に行ったことがあるとか、行きたいとか、日本に比べてどうなのか、などは、どんな人とでも気楽に話せるのではないでしょうか。

　そして、家族や故郷の写真やデジタルデータを持ち歩き、いざとなったら見せる用意をしておけば完璧です。そういった小道具があると、間がもちますし、思いのほか話が盛り上がります。

3章　いろいろな場面での会話

●友人とのスモールトーク

A: Ana, are you from Europe?
アナはヨーロッパの人？

B: Yes, I'm from Switzerland.
ええ、スイスよ。

A: Switzerland? It's a very beautiful country, isn't it?
スイス？ きれいな国だよね。

A: Oh, you've been to my country?
あら、スイスへ行ったことあるの？

B: No, but I really want to go.
いや、でも、ぜひ行ってみたいよ。
What city are you from?
なんていう町の出身なの？

A: I'm from Aarau.
アアラウよ。

B: Aarau?
アアラウ？
Whereabouts is that? And what is it like?
だいたいどの辺にあるの？ どんなところ？

A: Well, it's a very beautiful town, not far from Zurich.
そうね、とても美しい町よ。チューリッヒに近いわ。

Do you want to see some pictures of my town and my family?
アアラウの町と、私の家族の写真、見たい？

B: Sure, I'd love to! Do you have them with you now?
ぜひ見たいよ！　今、ここに持ってきてるの？

A: Yes, of course.
ええ、もちろん。

These are my parents and my sister in front of our house.
家の前にいるのが両親と妹よ。

This is the oldest church in our town.
これは町でいちばん古い教会なの。

B: Your sister looks just like you!
妹さん、アナにそっくりだね！

What does she do? Is she a student?
なにしてるの？　学生さん？

A: She's a dog trainer.
犬の調教師なの。

3章　いろいろな場面での会話

もう一歩 子どもの頃から引っ越しが多い人は、出身地を聞かれると迷ってしまうかもしれませんね。英会話学校で教えていた頃、レッスン中に「先生、ぼくの出身地はどこでしょうか？」と相談されたことがありました。どんな事情があるにせよ、とりあえずの出身地は自分で決めるしかありません。（出生地というのは戸籍にきちんと記載されていますが、出身地というのは自己申告するほかないようです）。そのうえで、「実は、生まれは○○で、育ったのは○○です」などと伝えましょう。

● 生まれ

I was born in Osaka.

私は大阪で生まれました。

● 引っ越し

My family moved to Kyushu when I was 2 years old.

2歳のとき家族と九州へ越しました。

● 育ち

I grew up in Fukuoka and Nagasaki.

福岡と長崎で育ちました。

共通点で会話をはずませたいとき便利な used to~

相手との共通点が見つかると、会話は自然に盛り上がります。とは言っても、「大阪に住んでいます」「私も！」という偶然は、めったにありません。そんなとき便利なのが、「以前は～だった」という意味の used to ~ という表現です。共通点の範囲を過去にまで広げられるので、"Oh, I used to live in Osaka."「私も以前は大阪に住んでいたんですよ」と返すことができます。

used to は、「ユーストゥー」と濁らずに発音してください。to

のあとには必ず動詞の原形が続きます。これは単なる過去形ではなく、過去にくり返していたことを懐かしんでいる感じをかもし出す、なかなか気の利いた表現です。今は違うけれど、「昔は〜だったなあ」というニュアンスですね。「高校の頃は、私もテニスをしていたのですよ」"I used to play tennis when I was a high school student." など、いろいろ言えますね。

● クライアントとのスモールトーク

A: I'm from Naha City, Okinawa. My husband is from Ishigaki Island.

　　私は沖縄の那覇市、夫は石垣の出身なんですよ。

B: Is that right?

　　そうなんですか。

My wife and I are hoping to go scuba diving in Ishigaki this summer.

　　今年の夏には石垣でダイビングをしたいと妻と話しているんですよ。

But we are both too busy to make plans.

　　でも、お互い忙しくて、なかなか計画が立てられませんがね。

3章　いろいろな場面での会話

A: **My husband and I used to go scuba diving a lot.**
うちも以前はよくふたりでダイビングに行ってました。

Now we're too busy, too.
今は忙しくて行けませんが。

B: **Maybe we should go together some day.**
いつかみんなで一緒に行きたいですね。

A: **That would be great.**
それはいいですね。

What does your wife do, Mr. Johnson?
奥様はなにをされているのですか？

B: **She's a freelance graphic designer.**
フリーのグラフィックデザイナーです。

How about your husband? What does he do?
田中さんのご主人はなにをされているのですか？

A: **He used to be a graphic designer, too.**
夫も以前はグラフィックデザイナーだったのですよ。

But he is a homemaker now.
でも今は家事専門です。

We have 6 children, so one of us has to take care of them.
うちは子どもが6人いるので、どちらかが面倒見ないといけませんから。

B: Six children! That's wonderful.
　　6 人とは、素晴らしいですね。

How old are they?
　　お子さんの年齢は？

A: Fifteen, twelve, ten, seven, three,
　　15 歳、12 歳、10 歳、7 歳、3 歳、

and the youngest one is ten months old.
　　いちばん下が、生後 10 ヶ月です。

B: Wow, that's amazing!
　　いやー、本当に素晴らしい！

初対面では危険な質問は避ける

　初対面ということは、まだ相手のことがよくわからないので、「危険」な質問はしないほうが無難です。「危険」というのは、**相手も自分も気まずくなるかもしれない質問**で、一般的には、**年齢、妻や夫、子ども、恋人の有無、宗教や政治信条**などがあります。もちろん、親しくなって話す機会を重ねれば、そういったことも話題になるでしょう。でも、ここはあくまでも初対面、しかもスモールトークです。身上調査のような質問は避けるに越したことはありません。

　では、**初対面で安全な話題**といえば、どんなものがあるのでしょうか？　一般的には、**出身地や今住んでいる場所、そして職業**です。「どちらのご出身ですか？」"Where are you from?" と「なにをなさっているのですか？」"What do you do?" は、どん

な英会話の教材にも出てきます。多くの方にとっては、もうすっかりおなじみかもしれませんね。

相手の答えから話を広げよう

相手の答えを聞いて、「ああ、そうですか」"Oh, I see." で終わってしまうのは残念です。なじみのない地名であれば、「どの辺にあるのですか?」"Whereabouts is that?" とたずね、職業についてなら、"Do you like your job?" と、相手の答えを受けてさらに質問を重ねましょう。ここが3分続けられるかどうかの分かれ目かもしれません。

相手の答えに出た話題を広げていくことは、スモールトーク成功の秘訣です。もし相手が「浦和に妻と住んでいます」"I live in Urawa with my wife." と言い出せば、「奥様はなにをされているのですか?」"What does your wife do?" とたずねられます。相手のほうから口にしたとたん、妻や夫のことも安全な話題になるのです。先ほどのジョンソン氏と田中さんの会話にもあった通りです。子どものことが出てきたら「お子さんたちはおいくつですか?」"How old are your children?" と聞きましょう。(子どもの年齢を聞くのはもちろん失礼ではありません!)

家族構成については、さしつかえないのであれば、自分から積極的に話題にするといいですね。そうすれば、相手も安心して質問できます。

ポイント17　あいづちは会話の潤滑油

よい聞き手はあいづち上手

　会話をするときに、よい聞き手になることはとても大切です。これは会話術の王道ですね。もちろん、ただ黙って聞いているだけでは「よい聞き手」にはなれません。相手の話に合わせて、**うまくあいづちを入れ、ちょっとした問いかけをしていきます**。だれでも自分の話を聞いてほしいものです。自分から話題を提供できないときは、よい聞き手になって、相手に気持ちよく話してもらいましょう。

　あいづちのタイミングや、どんなあいづちを打てばいいかは、その場の状況によって違います。ただ、**日本語で会話をしているときの、少なくとも3倍はあいづちを発する覚悟**でいてください。

相手にとっていいことを聞いたとき

　あいづちをたくさん打つといっても、毎回「ああ、そうですか」"Oh, I see." のくり返しでは困ります。楽しく会話を続けるためにも、あいづちのレパートリーは少しずつ増やしていきましょう。

　まずは、"I see."「そうですか / なるほど」、"Oh, really?"「本当ですか?」、"That's great!"「すごいですね!」を言えるようにして、使い回すことをおすすめします。慣れてきたら、**great** を **wonderful** や **fantastic** などに変えると、あいづちが華やかになりますね。

3章　いろいろな場面での会話

"You can say that again!"「まったくその通り！」や "No way!"「絶対だめ / とんでもない」など、口語的なあいづちはたくさんあります。無理をせず使いやすいものから覚えていきましょう。

● 楽しそうな話

A: My mother and my brother are coming to visit me in Tokyo next month.
　来月、東京に母と弟が来るんだ。

B: That's great. Are you showing them around?
　いいわね。あちこち案内するの？

A: Yes, of course. First of all, I'm going to take them to Akihabara.
　もちろん。まずは、秋葉原に連れて行くつもりだよ。
My brother loves Japanese computer games.
　弟は日本のコンピュータゲームが大好きなんだ。

He's my youngest brother, just 12 years old.
　いちばん下の弟で、まだ 12 歳だからね。
He says his dream is to work as a video game designer in Japan.
　日本でゲームデザイナーの仕事をするのが夢なんだって。

B: Really? Then Akihabara is a perfect place.
　そう。だったら秋葉原は最高ね。

A: I'm also planning to visit Asakusa with them.
　浅草にも一緒に行くつもりなんだ。
We are going to enjoy a Sumida River Cruise and a sukiyaki dinner.
　隅田川のクルーズと、夕食はすき焼きを楽しむ予定だよ。

B: Wow, that's wonderful!
　素晴らしいわね。

相手にとって悪いことを聞いたとき

　相手にとっていいことを聞いたときは、"That's great."ですが、相手にとって残念なこと、例えば、「風邪をひいた」"I've got a cold."とか、「電車に乗り遅れた」"I missed the train."とか、「コンピュータのデータをうっかり消去してしまった」"I erased the data by mistake!"とか、そんなときにかける言葉は、"That's too bad."です。直訳すれば、「そんなのひど過ぎる」という身もふたもない表現に思えますが、**決まり文句です**

から文字通りの意味とは関係なく、相手を思いやる気持ちにあふれています。

　本人や家族が事故にあったり、家が火事になったりするなど、もっと深刻なことが起こったときは、思いやりのレベルを上げて、"I'm sorry to hear that." を使いましょう。これは、「このたびは御愁傷様で…」という、お悔やみの言葉にもなります。

● 具合の悪そうな相手と

A: You don't look very well. Are you okay?
　　顔色が良くないみたいですね。大丈夫ですか？

B: I have a bad headache and a runny nose.
　　ひどい頭痛がして、鼻水が出るんです。

A: That's too bad. Do you have hay fever?
　　それは大変ですね。花粉症ですか？

B: I'm not sure. I sneeze a lot, too.
　　どうなんでしょう。くしゃみもひどいんですよ。

A: Maybe you should see a doctor.
　　お医者さんにみてもらったほうがいいかもしれませんね。

もう一歩 症状についての表現をもう少しだけご紹介しておきましょう。
風邪や腹痛、頭痛、腰痛など、よくある症状は、そういったものを自分自身がかかえ持っているというイメージで、**have** という動詞を使います。症状がひどいときは、**bad** を、そうでもないときは、**little** をつけてみましょう。

I have a bad cold.
　ひどい風邪をひいています。

I have a stomachache.
　お腹が痛いです。

I have a little backache.
　ちょっと腰が痛みます。

I have a sore throat.
　のどが痛みます。

My son has a high fever.
　息子は高熱を出しています。

3章　いろいろな場面での会話

ポイント 18 いろいろなことを教えてもらう

「教える」はいろいろな英語になる

日本語では、勉強も電話番号も道順もすべて「教える」ですが、英語ではそれぞれ別の動詞を使います。

teach

「教える」と聞いて、まっさきに思い浮かぶ teach は、**知識や方法をある程度の時間をかけて伝授する**というイメージです。英語を教えてもらうときの *"Can you teach me English?"* や、水泳を習うときの *"Can you teach me how to swim?"* などに使います。

give

電話番号や住所など、**相手に情報として渡すものは、「与える」**というイメージなので、使う動詞は give です。自宅の住所を教えてほしいときは、*"Could you give me your home address?"* と頼みましょう。

tell / show

道順などを「口で言って説明」してほしいときは、*"Can you tell me how to get to the station?"* と頼みます。同じ道順でも、**地図などを「見せて示す」**というニュアンスなら、*"Will you show me the way to the station?"* がぴったりです。

let me know

　なにか情報を「知らせる」という意味で教えてもらうときは、let me know が使われます。「到着時刻を教えてください」は、"Please let me know the time of your arrival." です。

　「〜してください」、「〜してもらえますか?」と相手に頼むときは、"Please~."、"Can you ~?"、"Will you~?" で始め、そのあとに動詞を入れます。Can you ~? を Could you~? に、Will you please ~? を Would you please~? にすると、より丁寧に聞こえます。(☞P162)

> Please let me know the time of your arrival.

携帯電話の番号を教えてもらうとき

　携帯電話は、一般的に、アメリカでは cell phone、ヨーロッパでは mobile phone と呼ばれています。自分の携帯メールアドレスは、それぞれ、the email address for my cell phone (または my mobile phone) と言えばいいでしょう。

　また、携帯メール文そのものは、text か text message で、どちらも「携帯メールを送る」という動詞としても使います。(PC用

のメールは email、または、email message で、英語では明確に区別されているようです)。「わたしの携帯メール受けとった?」は、**"Did you get my text message?"** となり、「あとで携帯に送るよ」は、**"I'll text it to you later."** になります。

● 携帯メールアドレスの交換

A: Ana, can you give me the email address for your cell phone?

アナの携帯アドレス教えてもらえる?

Here is mine.

ぼくのは、これだよ。

B: Thanks, Ken. I'll text mine to you later.

ありがとう。私のはあとで携帯に送るわね。

A: Okay, and let me know if you can come to the party by tomorrow.

うん、それと、例のパーティーに来られるかどうか、明日までに教えてね。

行き方を教えてもらうとき

目的地までの行き方については、**tell me** や **show me** を使って教えてもらいます。また、そこまで行くのにかかる時間を聞いたり、伝えたりする表現も覚えておきましょう。「そこまで行くのに、どのくらいかかりますか?」は、**"How long does it take to get there?"** で、**"It takes about 30 minutes."** などと答えます。「電

車で」をつけて、"About 30 minutes by train."と短く答えても
かまいません。「バスで」はby bus、「車で」はby carですが、
「歩いて」はon footになります。手段を表すbyではなく、on
を使うのは、足で大地の上を踏みしめるイメージでしょうか。

　自分が教える立場になったときは、言葉だけで説明しようとせ
ずに、地図や路線図などを上手に使いましょう。道案内の会話は、
ポイント21でもご紹介しています。（☞ P132）

●会場までの行き方の説明

A: Ms. Tanaka, could you tell me how to get to the convention center?

　　展示会場までどう行ったらいいのか教えていただけますか？

B: Sure, Mr. Johnson.

　　もちろんです。

I'll show you. Just have a look at this map.

　　ご説明しますので、こちらの地図をご覧ください。

Your hotel is here and the convention center is over here.

　　ここがご宿泊のホテルで、展示会場はこちらです。

A: Do you think I can walk there?

　　歩けますかねえ。

B: Yes, you can go on foot. It takes about 20 minutes.

　　ええ、歩けますよ。20分くらいですから。

3章　いろいろな場面での会話

Or you can take a taxi.

もしくはタクシーですね。

A: I don't mind walking in this beautiful weather.

こんなにいい天気なら歩くのは苦になりませんよ。

Thank you so much, Ms. Tanaka.

田中さん、どうもありがとうございます。

B: You're welcome.

どういたしまして。

Please let me know if you have any questions or need any help.

なにかわからないことや、お手伝いすることがあれば、教えてくださいね。

ポイント19 相手を上手に誘う

誘い方について

相手を誘うといっても、いきなりというわけにはいきません。会話を順調にすすめるためには、段階をふむことも大切です。

まずは、"Do you have any plans for this Saturday?" と、予定をたずねてみましょう。そう聞かれれば、相手も「なにかあるな」とぴんときますので、会話の流れをつかめます。

また、"Do you like soccer?" と、誘おうとしていることに興味があるかどうか、相手にたずねてみるのもいいでしょう。相手も興味があるとわかれば、誘いやすいですし、まったく興味がないなら、別の話題へと会話の流れを変えられます。

積極的に誘うとき

誘う表現もいろいろありますが、まずは「〜しましょう！」の Let's ~! をすぐに言えるようにしておきましょう！

誘いに乗るときは、相手の提案が楽しそうに聞こえる、という意味の、"(That) sounds great!" や "(That) sounds like fun!" を使います。また、ぜひそうしたい、というニュアンスなら、"I'd love to!" がぴったりです。

誘いを断るときは、「残念だけど行けません」"Sorry, I can't go." とはっきり言ったあとで、理由を一言そえるといいですね。他の予定が入っているなら、"I have other plans."、歯医者の予約があるなら、"I have an appointment with my dentist."、仕事なら、"I have to go to work." です。それなら断るのもしかたないなあ、と相手に思わせる理由をきっぱりと告げましょう。

● 友人を誘う

A: Ana, do you like jazz?
　　アナ、ジャズは好き？

B: Yes, I love it.
　　ええ、大好きよ。

A: Good. I got two free tickets to the Jazz Festival in Ueno.
　　よかった。上野のジャズフェスの招待券を2枚もらったんだ。
Let's go together!
　　一緒に行こうよ。

B: Sounds great! When is it?
　　もちろん！　いつなの？

A: Tomorrow night.
　　明日の夜なんだ。

B: Tomorrow? Then I can't go.
　　明日？　だったら、だめだわ。
　　I have to go to my part-time job tomorrow night.
　　明日の夜はバイトがあるの。

A: That's too bad!
　　残念！

相手の気持ちを確かめながら誘うとき

　Let's ～！の次は、「よかったら～しませんか？」というニュアンスの Would you like to~? を使えるようにしましょう。「今晩外で食事でもいかがですか？」と言いたいときは、"Would you like to eat out tonight?" です。
　また、グループでなにかをするとき、「よかったら一緒にどう？」と誘うこともよくありますね。そんなときは、参加するという意味の join を使って、"Would you like to join us?" と言いましょう。自分のほうから「ご一緒してもいいですか？」とたずねるときは、"May I join you?" になります。

3章　いろいろな場面での会話　123

● 同僚を飲み会に誘う

A: Mike, do you have any plans for tonight?
　マイク、今夜なんか予定ある？

B: No, nothing special. Why?
　いや、特にないよ。なんで？

A: We're going for a drink after work.
　ぼくら仕事のあと飲みに行くんだ。
　Would you like to join us?
　よかったら一緒にどう？

B: Sure. That sounds like fun.
　もちろん。楽しみだね。

もう一歩 飲み会に誘うつもりで、"We would like to invite you to dinner. Can you come with us?" などと言ってしまうと、相手は招待された（invite＝お金を払わなくていい）と勘違いするかもしれません。そのつもりで生徒たちについていった外国人講師が、「お金を払わされた！」と翌朝ぼやいていたこともありました。

　割り勘のつもりなら、invite は使わないほうがお互いのためですね。代わりに、join で参加を呼びかけましょう。

ポイント20 感謝と喜びをあらわす

「ありがとう」と「うれしい」

「ありがとう」にもいろいろな形があります。いくつか並べてみましたので、それぞれ気持ちをこめて発音してみてください。日本語は、あくまでも雰囲気の目安です。"Thank you." がいつも「ありがとうございます」というわけでなく、ときには「ありがとう」にも、場合によっては、「どうも」にも訳されます。

Thanks.	どうも。
Thanks a lot.	どうもありがとう。
Thank you.	ありがとうございます。
Thank you very much.	どうもありがとうございます。
Thank you so much.	本当にありがとうございます。

「うれしい!」は "I'm happy!" です。そして、「~してうれしい」と言いたいときは、そのあとに「to + 動詞の原形」や「主語 + 動詞」をつけ足します。

うれしい知らせを聞いたときは、"I'm happy to hear that."、または glad を使って "I'm glad to hear that." が定番です。「あなたを手伝えてうれしい」は、"I'm happy to help you."、「あなたと仕事ができてうれしい」は、"I'm glad to work with you." になります。また、「あなたに気に入ってもらえてうれしい」なら、"I'm glad you liked it." です。

3章 いろいろな場面での会話 125

> もう一歩　"Thank you very much!" と相手から感謝されて、"You are welcome." と返すのは、みなさんもよくご存知だと思います。他にも「どういたしまして」のバリエーションをいくつか紹介しておきましょう。それぞれのニュアンスを添えましたので参考にしてください。

My pleasure.
　喜んでしたことですから。
Don't mention it.
　お礼なんて言わなくてもいいですよ。
No problem. / It's nothing.
　たいしたことではありません。

「こちらこそ、ありがとう」と言いたいときは、"Thank you!" の you を強めて返せば伝わります。

大げさにほめるのも効果的

感謝や喜びを表すときに、「なんて素晴らしいのでしょう！」というような**感嘆文を使うことも効果的**です。プレゼントをもらったときに、**"What a wonderful surprise!"** と言えば、思いがけない喜びの気持ちが伝わります。（surprise には「うれしい驚き」の意味があるのです）。

うれしさを伝えるために、**相手のことをほめるのも会話の極意**と言えるでしょう。ホームパーティーに招かれたときは、**"What a lovely house!"** などと、**家をほめるのは定番**です。日本語ではそこまで大げさに言わないことも、英語では思い切って口に出してください。お世辞でも、ほめられれば、だれでもうれしいものです。

また、パーティーに夫婦で招かれたときなどは、「私たち共々」という意味で、we / us / our を使うことが多いので気をつけてください。ふたりで来たのに、"Thank you for inviting <u>me</u> today." では、一緒に招かれたはずの連れの<u>立場</u>がありません。

●友人宅でのホームパーティーで

A: Hi, Takeshi!
やあ、武史。

B: Hi, Bob! Thank you for inviting us today.
やあ、ボブ。今日はお招きありがとう。

This is my wife, Yumi.
妻の由美です。

A: Oh, nice to meet you, Yumi-san.
はじめまして、由美さん。

I'm glad you could come.
来てくださってうれしいです。

C: Nice to meet you, too. I'm very happy to be here.
こちらこそ、伺えてうれしいです。

What a lovely house you live in!
素敵なお住まいでいらっしゃいますね。

3章　いろいろな場面での会話

A: Thank you. Please make yourself at home, Yumi.
ありがとう。どうか楽にしてくださいね、由美さん。

C: Thanks. Oh, this is for your wife.
どうも。 これを奥様に。

These roses are from our garden.
うちの庭に咲いていたバラです。

A: How beautiful they are! Thank you so much.
みごとなものですねえ。ありがとうございます。

Kate loves roses.
妻のケイトはバラが大好きなんですよ。

B: Where's your wife, Bob?
奥さんは？

A: She's in the kitchen. Come this way.
台所なんだ。こちらへどうぞ。

もう一歩 英語の house という単語は「住宅」という意味ですが、一軒家というイメージがあります。ですから、"I live in a small house in the suburbs of Tokyo." と言えば、「東京の郊外にある小さな家（一軒家）に住んでいる」ことが伝わります。

共同住宅の一室（貸室）は、アメリカでは an apartment 、イギリスでは a flat です。分譲のマンションは、a condominium、または a condo と呼ばれます。（英語の mansion は「大邸宅」。門から玄関まで車でしばらく走るほどの豪邸のイメージです）。また、 1つの建物に玄関が2

つある「二世帯住宅」は、アメリカでは a duplex house、イギリスでは a semidetached house と呼ばれています。

　建物の形態にこだわらずに話をすすめたいときは、place を使うと便利です。例えば、「ここからお宅までどのくらいかかりますか?」とたずねるときは、「あなたのところ」という意味で your place を使い、"How long does it take from here to your place?" となります。「週末うちで鍋パーティーしようよ!」なら、"Let's have a Nabe-Party at my place this weekend!" です。

お礼のレベルを上げたいとき

　フォーマルな席などでは、「ありがとう」のあとに「感謝します」をつけ足して、お礼のレベルを上げたくなることがありますね。そういったときは、appreciate という動詞を使いましょう。これは、「ァプ**リー**シエイト」のように読みますが、最初の「ア」をとても軽く、「リー」を強く長めに発音します。**棒読みでなく、ほんの少しでも強弱をつけてください。**そうすれば、より英語らしくなり、気持ちがこもって聞こえます。「本当に」という really を加えると、より効果的です。「(そのことを私は) 本当に感謝いたします」は、"I really appreciate it." になります。

●ビジネスの会食後

A: It was a great dinner. Thank you so much, Mr. Chen.
　　素晴らしい夕食でした。ごちそうさまです、チェンさん。

　　I really appreciate it.
　　ご招待心から感謝します。

3章　いろいろな場面での会話　129

B: I'm glad you enjoyed the food, Ms. Tanaka.
お口に合ったようでうれしいです。

Would you like some more tea?
もう少しお茶をいかがですか？

A: No, thank you.　I'm fine.
いいえ、もう十分いただきましたので。

B: So, I'll see you tomorrow at our booth in the convention center.
では、明日、展示会場の我が社のブースでお会いしましょう。

A: Yes, I'll be there at 10:30 in the morning.
ええ、午前十時半にうかがいます。

B: See you then, Ms. Tanaka.　Have a good night.
では、そのときに。今夜はこれで。

A: See you tomorrow, Mr. Chen.
はい、ではまた明日。

もう一歩 親切にされたときは、「ありがとう」と同時に、「まあ、ご親切に！」と言いたくなりますね。そんなときは、"Oh, that's very kind of you!" がぴったりです。すごくほめられたときは、「そんなふうに言ってくださるなんて、あなたはとてもいい方ですね」というニュアンスの、"That's very nice of you to say." という表現もあります。

ポイント 21 知らない人に声をかける

声をかけることについて

　英語を練習したいからといって、必要もないのに外国人とおぼしき人に声をかけまくるのはどうかと思いますが、道に迷って困っている人や、体の具合が悪そうな人を見かけたら、積極的に "どうしました？ Do you need help?" と声をかけてあげたいですね。もし「いえ、大丈夫です」"No, thank you. I'm fine." と言われたら、"Okay." と言って立ち去りましょう。

　かなり具合が悪そうで、どう見ても困っている様子で、ほっとけないと思ったら、"Are you sure?" と、念を押してみてください。外国人の中にも、遠慮深い人や、強がりの人もいるかもしれませんからね。

　また、人助けだけでなく、たまたま隣り合わせになった人と、ちょっとした言葉を交わすのもコミュニケーションの楽しみです。べつに知り合いになるわけではないので、"My name is ○○. Nice to meet you!" からは始めません。観光地などで美しい景色を見たとき、たまたま近くにいる感じのいい人に、「きれいですねえ」と声をかけたり、かけられたりする、あの感覚です。

　その場にいるひとときをより快適にするために、英語でもそうした会話が気軽にできたらいいですね。

3章　いろいろな場面での会話

道案内は大まかに

英会話のテキストには、道順を説明するレッスンがつきものです。整然とした町の地図を見ながら、「この道をまっすぐ行く」"Go straight down this street." や、「２つ目の信号を右に曲がって、さらにすすむ」"Turn right at the second traffic light and keep going." や、「セントラル通りとパイン通りの角にあります」"It's on the corner of Central Avenue and Pine Street." などの表現を練習します。

ただ、実際はあまり使わないだろうなあ、という思いが、毎回レッスン中に頭をよぎります。なぜなら、日本の町は（京都などは別として）、道が碁盤の目のようにきちんと並んでいませんし、すべての通りに名前がついているわけではないからです。それに、場所をたずねられることが多いターミナル駅の構内などには、道がそもそもありません。

実際の道案内では、言葉で説明するのは難しい場合が多々あります。ですから、手で方向を指し示しながら、「こっちではなく、あっちのほうですよ」"Not this way, go that way." とか、「それは駅の反対側です」"It's on the other side of the station." などの、**大まかな説明のほうが役に立つのです**。

いっそのこと、近くまで連れて行ってあげたほうが、てっとり早いかもしれませんね。

● 駅中での道案内

A: どうしました？　Do you need help?
　　　　　　　　　お困りですか？

B: Oh, yes. I want to go to Takashimaya Department Store.
　ええ、高島屋百貨店に行きたいのです。

　Isn't it near the station?
　駅の近くにありませんでしたっけ？

A: It's near the south exit. This is the west exit here.
　南口の近くですよ。ここは西口です。

B: Oh, I see. How can I get to the south exit?
　なるほど。南口へはどう行けばいいのですか？

A: Well, go upstairs and go outside...
　そうですねえ、階段を上がって、外に出て…

　Hmm...it's hard to explain.
　えーと…難しいなあ。

　Okay, I'll go with you. Please follow me!
　ご一緒しますから、ついてきてください！

B: Oh, that's very kind of you!
　まあ、ご親切に！

3章　いろいろな場面での会話　133

きっかけは分かち合う気持ちで

たまたまなにかを共有することになった人と会話を楽しむには、「〜ですよね」というニュアンスの付加疑問文がとても便利です。「みごとですね」"It's wonderful, isn't it?"、「いいお天気ですね」"It's a beautiful day, isn't it?"、「おいしいですね」"This is delicious, isn't it?" などを使って、素敵な気分を分かち合いましょう。

● 新幹線で隣り合った人と

A: It's a beautiful day today, isn't it?
今日はいいお天気ですね。

B: Yes, it's a perfect day for traveling.
ええ、旅行には最高です。

A: You will see Mt. Fuji on your right very soon.
もうすぐ右手に富士山が見えてきますよ。

B: Oh, really? Thanks for telling me.
まあ、そうなんですか。教えてくださってありがとう。

A: You're welcome. Are you on business?
　　いえいえ。ご出張ですか？

B: No, I'm visiting my sister in Kyoto.
　　いいえ、京都にいる妹のところへ行くんです。
　She's studying Japanese art there.
　　妹は京都で日本美術を勉強していまして。

A: That's great.
　　それはいいですね。
　Have you been to Kyoto before?
　　京都へは前にも行ったことがあるのですか？

B: No, this is my first time. I'm really excited.
　　いいえ、今回が始めてです。すごく楽しみで、わくわくしています。

● 別れぎわに
A: It was very nice talking to you.
　　お話しできてとても楽しかったです。

B: Nice talking to you too!
　　こちらこそ楽しかったです！
　Have a good trip to Hakata.
　　博多までお気をつけて。

A: Thanks. Enjoy your stay in Kyoto!
　　どうも。京都を楽しんでくださいね！

3章　いろいろな場面での会話

もう一歩　「英語が話せるようなったら、海外へひとり旅がしたい！」という声をときおり耳にします。もちろん、なにか明確な目的があるとか、現地に知り合いがいるのならいいかもしれません。でも、なんとなく、どこでもいいから、**とにかくひとりで旅をしたい、というのは無謀に思えます。**たとえ英語ができても、ひとり旅の日本人をねらう巧妙な手口を避けるのは、なかなか難しいのです。

　ある国の空港で「そのバッグ、素敵ね。どこで買ったの？」と中年の女性に声をかけられ、家に招待されて、あれよあれよという間にお金をだまし取られた、という典型的なサギにあったという話を聞いたことがあります。帽子やバッグを買った場所を聞き出し、どの国から来たかを判断するそうです。

　世界中どこへ行っても、親切でやさしい人もいれば、悪だくみをする人もいます。なにか変なことをされそうになったときは、英語でもたもたしているよりも、日本語でわけのわからないことを叫んで逃げるのがいちばんです。

　でも万が一、あらぬ嫌疑をかけられて警察に捕まるようなことがあったら、日本語ではどうにもなりません。**"I am innocent!"「私は無実です！」**や、**"Please call the Japanese embassy!"「日本大使館へ連絡してください！」**くらいは言えるようにしておきましょう。

ポイント22 日本の習慣を伝える

日本の習慣について

　自宅に外国からの友人を泊めたり、旅館などで外国人観光客を迎えたりするとき、日本の習慣を伝えることがどうしても必要です。玄関先で靴をぬぐことから、箸の使い方、お風呂の入り方など、説明しなければならないことがたくさんあります。また、それぞれの家庭、施設によっても、さまざまな注意点があることでしょう。

　日本の習慣については、ガイドブックなどにも書いてありますから、ある程度は頭に入っている外国人も多いと思います。でも、実際にやってみると、なかなかうまくいかないものです。

　例えば、玄関で靴をぬぐことは、日本の習慣として、もうだいぶ知れ渡っています。とはいえ、靴をぬぐ習慣のない国の人にとっては、これがかなりやっかいです。ついうっかり土足で上がってしまう人もいるでしょうし、そもそもどこで、どうやってぬげばいいのかわかりません。そんなときは、**言葉だけでなく、実際に目の前でやって見せてあげましょう。**

　あらかじめ箇条書きにしたメモや、イラストつきの案内パンフを用意しておくことも大切です。言葉だけで伝えようとすると、説明が長くなりがちで、誤解や混乱を与えかねません。**言葉で説明し、行動で示し、書いたものを渡せば、お互いあわてずに理解し合えるはずです。**

　観光地の旅館などでは、英語の案内に四苦八苦していらっしゃ

る方も多いと聞きます。どうしても必要なことを英語で伝えるためには、やはり**十分な準備が必要**です。

　でも、あいさつなど、日本語でもわかること、身ぶり手ぶりで理解してもらえることは、わざわざ英語で言う必要はないと思います。**日本語での案内のほうが、風情がありますし、外国人観光客にとってはうれしいはず**。英語と日本語の両方でコミュニケーションをとることで、快適さと日本らしさを同時に感じてもらえれば、素晴らしいおもてなしになるのではないでしょうか。

靴をぬいでほしいとき

　靴をぬぐときの「ぬぐ」は、英語では take off です。これは、靴だけでなく、上着やズボンをぬぐときはもちろん、**身につけているものを取ったり外したりするとき、ほとんどすべてに使えます**。「上着をぬいでください」は、**"Please take off your jacket."**、「指輪を外してください」は、**"Take off your ring, please."** になります。

　日本の狭い玄関先で、しっかり履いた靴をぬぐのは一苦労です。相手がてまどっていたら、「ゆっくりどうぞ」**"Take your time."** と、ひと声かけてあげましょう。

● 玄関先で靴をぬいでもらう

A: As you know, we take off our shoes before stepping into the house.
　知っていると思うけど、日本では家に上がる前に靴をぬぐのよ。

B: That's right! Here?
　そうだったね！　ここで？

A: No, not here.
　いいえ、ここじゃないわ。

There is always some space to take off your shoes inside the door.
　玄関のドアの内側に、かならず靴をぬぐためのスペースがあるの。

I'll show you. Like this.
　やって見せるわね。こうするのよ。

B: Wow, you're so fast! I can't do it that well.
　わあ、すごい早業だね！　とてもそんなふうにできないよ。

A: Don't worry. Take your time.
　大丈夫よ。ゆっくりどうぞ。

（カジュアルな会話風に日本語訳をつけましたが、同じ英文を旅館の方がお客様に対して使っても、まったく問題ありません）。

3章　いろいろな場面での会話　139

「こちらをお召しになってください」

「ぬぐ」の反対の「身につける」は、put on です。靴やスリッパを履くから、服を着る、アクセサリーをつける、さらにはお化粧をするにまで使えます。

お風呂から出たあと浴衣を着てほしいと伝えたいなら、浴衣を見せながら、**"Please put this on after taking a bath."** と言えば通じます。さらに、「これは浴衣と呼ばれる綿のガウンです」**"This is a cotton robe called yukata."** と説明すれば完璧でしょう。

また、お風呂の入り方も問題ですね。湯船の中を泡だらけにされたり、汚れた体のまま、ざぶんっ！　と飛びこまれたりしてはたまりません。お互いのため、感じよく、きちんと入り方を説明してあげたいものです。

「湯船の中で体を洗わないでください」は、**"Please don't wash yourself in the bath tub."**、「お湯の中に入る前に体を洗ってください」は、**"Clean your body before you enter the bath."** です。でも、こういったことは、口で言うのではなく、注意書きにして渡したほうがよさそうですね。

● 旅館の部屋で

A: The large hot spring baths are on the second floor.
大浴場は2階にあります。

There are two entrances, one for ladies and the other for gentlemen.
入り口が2つありまして、ひとつは女湯、もうひとつは男湯でございます。

B: Oh, you don't have a mixed bath?
混浴ではないのですか？

A: We do not have a mixed bath, sir.
混浴はございません。

Here is the information booklet for you.
こちらの案内の冊子をどうぞ。

It has everything you need to know.
当館のことで必要なことはすべて書いてございます。

B: It looks very helpful. Thank you so much.
それは助かる。どうもありがとう。

A: **Please put on these cotton robes -"yukata"- after taking a bath.**

お風呂上がりには、こちらの浴衣をお召しになってください。

You can walk around our building and neighborhood in yukata.

館内や近所でしたら、浴衣のままお過しいただけます。

B: **That's wonderful!**

それはいい!

A: **Please push button No.1 to call the front desk if you need anything.**

なにかございましたら、1番のボタンを押してフロントを呼び出してくださいませ。

I hope you have a pleasant stay with us.

どうかゆっくりおくつろぎください。

「いらっしゃいませ」と May I help you?

「いらっしゃいませ」というのは、歓迎のあいさつですから、英語に訳したりせず、そのまま気持ちをこめて言うのがいちばんです。

英語圏のお店での会話は、たいてい "May I help you?" で始まりますが、**これは「いらっしゃいませ」ではありません。**「なにかお探しですか?」「お手伝いしましょうか?」と、本気でたずねている質問文です。ですから、手助けが必要であれば、**"Yes, I'm looking for a Japanese cook book."**「和食の料理本を探して

いるんです」と答えたり、もし必要なければ、"No, thank you. I'm just looking." 「けっこうです。ただ見ているだけですから」と断ります。

自分のほしいものを売っているかどうかを確かめたいときは、"Do you have Kanji T-shirts?" 「漢字つきのTシャツありますか?」とたずね、お店の人は、商品があれば、"Yes, we do. Here they are. Which one would you like?" 「ええ、こちらです。どちらがよろしいですか?」などと応じます。もしなければ、"Sorry, we don't. Please check the shop over there." 「すみませんが、うちでは扱っていません。あちらのお店で聞いてみてください」と、アドバイスできたら親切ですね。

●みやげ物店で

A: いらっしゃいませ！ May I help you?
なにかお探しですか？

B: Oh, yes. Do you have Kanji T-shirts?
ええ、漢字のTシャツありますか？

3章　いろいろな場面での会話　143

A: Yes, of course. Here they are.
   もちろんございます。こちらです。
   What kanji do you like?
   どんな漢字がお好きですか？

B: I like the kanji for love.
   愛という漢字が好きです。

A: All right. Do you like this one?
   わかりました。こちらはいかがでしょう？

B: That looks great. Do you have it in different colors?
   素敵ですね。色違いはありますか？

A: Yes, this one comes in blue, red, black and yellow.
   はい、青と赤と黒と黄色があります。

B: I'll take a red one.
   赤いのにします。

A: Okay. Is it a present?
   はい。贈り物ですか？

B: No, it's for me.
   いえ、自分用です。

A: Alright. How would you like to pay, in cash or by credit card?
そうですか。お支払いは、現金かクレジットか、どうなさいますか？

B: Can I use my American Express card?
アメックスのカードは使えます？

A: Sorry, we only accept VISA and Master Card.
すみませんが、当店ではビザとマスターしかお使いいただけないのです。

ここで英会話についてのお話は終わりです。いかがでしたか？ 3分間くらいなら会話を続けられる自信はつきましたか？　今、英語を話したくてうずうずしていますか？

　英語をまったく間違えずに話すことは、プログラムされたロボットでないかぎり、だれにもできません。でも、少しでも英語を知っていれば、だれでもそれなりに話せます。最低限の野球のルールを知っている人なら、だれでもゲームに参加できるのと同じです。空振りばかりでも、エラーをしても、まったく問題ありません。ゲームが始まったら、ボールを投げ、打ち、キャッチすることを楽しんでください。そして、ゲームが終わったら、また次の試合に向けて練習にはげみましょう！

　最後に、英会話の中では説明できなかった項目で、知っておくと会話のときに役に立つことなどを「特別講座」として紹介します。知っているようで意外に気がつかないこともあるかもしれません。この機会にぜひチェックしてみてください。

特別講座

会話をより豊かにするための基礎知識

（1）いろいろな数字の読み方

位のある数字

　英語の数字の位は、百（hundred）のあとは千（thousand）で、そこまでは日本語と同じです。ところが、**万という位を表す単語はなく、いきなり百万（million）になります**。そのあとは、**千万や億という位をとばし、いきなり10億（billion）です**。つまり、hundred と thousand と million という３つの位を使い、千から１億までを数えます。１万は、千の10倍なので **ten thousand**、10万なら100倍ですから **one hundred thousand** です。

　では、1から10億までの読み方を確認してみましょう。

$$○○○,○○○,○○○,○○○$$
　　　　　　↑　　　　↑　　　　↑
　　　　billion million thousand

一	1 / one	
十	10 / ten	
百	100 / one hundred	
千	1,000 / one thousand	
一万	10,000 / ten thousand	
十万	100,000 / one hundred thousand	
百万	1,000,000 / one million	
一千万	10,000,000 / ten million	
一億	100,000,000 / one hundred million	
十億	1,000,000,000 / one billion	

英語の大きな数字は、カンマ (,) までの数字を読んで、そのあと、位である **thousand** や **million** をつけていきます。頭からカンマまでのまとまりごとに読みすすめるところは、**英語の文を語順通りに理解することに似ていますね**。慣れると、英語の読み方のほうが、お尻から「一、十、百、千万、十万、百万…」と数えて位を確認する日本語読みよりも、簡単かもしれません。

　では、具体的な数字を英語で言う練習をしてみましょう。せっかくですから、なるべく大きな数字に挑戦してみたいと思います。

世界の総人口：約 69 億人 / 6,900,000,000 *1
　　　　　About six billion, nine hundred million

日本の総人口：1 億 2752 万 2 千人 / 127,522,000 *2
　　　　　One hundred twenty-seven million,
　　　　　five hundred twenty-two thousand
　　　　　約 1 億 3 千万人 / 130,000,000
　　　　　About one hundred thirty million

内外国人の数：約 170 万人 / 1,700,000 *2
　　　　　About one million, seven hundred
　　　　　thousand

東京の総人口：約 1,300 万人 / 13,000,000 *2
　　　　　About thirteen million

　　　　　　　（ *1 世界人口白書 2010 年　*2 2010 年総務省統計 ）

特別講座　会話をより豊かにするための基礎知識　　149

位のない数字

　電話番号やホテルの部屋番号など、位を必要としない番号は、たいてい**数字を頭から順に読み上げていけばOK**です。

　0は、**zero**または、アルファベットの**O**と同じように「オゥ」と読みます。(zeroは、日本式の「ゼロ」ではなく、「ズィーロゥ」のような音です)。

　3桁の数字は最後の2つをまとめて、「315」なら **three, fifteen**、4桁の数字は、2つずつ数字をまとめて、「2145」を **twenty-one, forty-five** のように読むこともあります。確認するときは、**two-one-four-five?** と、読み方を変えるといいでしょう。

　日本語でも同じですが、数字の聞き間違いはよくあります。お互いゆっくりはっきり読み上げて、何度でもくり返し確認するといいですね。電話口など耳だけで判断しなければならないときは、なおさらでしょう。できることならメールで送ってもらうようにお願いしたほうがいいかもしれません。

　では、確認するときの言い方を紹介しておきます。

Sorry, I couldn't catch the number.
　すみませんが、数字が聞き取れませんでした。

Could you say that again slowly?
　もう一度ゆっくりおっしゃっていただけますか?

Did you say "two-three-zero"?
　230とおっしゃいましたか?

Could you please email the number to me later?
番号をメールで送っていただけますか？

Can you text the number to me later?
番号を携帯に送ってもらえる？

時　刻

　時刻は、**時間**と**分**をそれぞれ数字通りに読みましょう。

　8 時 30 分（8：30）なら、**eight thirty** です。午前 8 時半なら、**8：30 am** と表記して、**eight thirty am** と読み（am はそのまま「エイエム」で大丈夫です）、夜の 8 時半なら **8：30 pm**（「ピーエム」）になります。日本では、am と pm を時刻の前につけることが多いようですが、**英語では時刻のあとです**。

　また、8 時 5 分（8：05）のように 1 分から 9 分までは、0 を抜かさず読んでください。つまり、**eight zero five**、または、**eight O five** です。8 時ちょうどは、**eight** だけでもいいのですが、ものたりなければ、**eight o'clock** とも言えます。この **o'clock がつけられるのは、ちょうどの時刻だけの特権**です。

　日本では夜の 8 時を 20 時と表記し、また声に出してそう読んだりもしますが、英語では 20：30 と表記することはあっても、それを **twenty thirty** と読むことはほとんどありません。

　am や pm の代わりに、午前中なら **eight thirty in the morning**、午後なら **in the afternoon**、夕方なら **in the evening**、夜なら **at night** をつけることもあります。

特別講座　会話をより豊かにするための基礎知識　　151

もう一歩　時刻の読み方には、「半過ぎ」を表す **half past** や「15分過ぎ / 前」を表す **a quarter past / to** など、少し難しいけれど、気の利いた読み方があります。

8時から9時までの時刻で、そういった読み方をご紹介しておきましょう。

8時	8:00	eight o'clock
8時5分過ぎ	8:05	five minutes past eight
8時15分過ぎ	8:15	a quarter past eight
8時半	8:30	half past eight
9時15分前	8:45	a quarter to nine
9時5分前	8:55	five minutes to nine

いかがですか？　past と to は10分過ぎにも13分前にも使えます。9時から始まる大事な会議の準備にてまどっている人が、「9時25分前だ！」と言うのなら、"It's 25 minutes to nine!" になるわけです。

最後にもうひとつ、時刻をたずねるときは、「今何時ですか？」"What time is it now?" よりも、「時刻がわかりますか？」というニュアンスの、"Do you have the time?" がおすすめです。

日　付

日付の読み方の順序は、**月・日・年**（がっぴねん）で覚えておきましょう。つまり、2011年3月16日は、**March 16th , 2011** と表記し、書いてある順番通りに読み上げます。このとき、その月の16番めの日という意味で、16には **th** をつけ、**sixteenth** と読むのが正式です。ただ最近は、表記だけでなく、声に出すときにも

たびたび th は省略されます。(そもそも、単語の最後にある th の発音は、舌を前歯に挟むだけで、音という音は出ないのです)。

ただ、1日、2日、3日は、th でなく、それぞれ、1st、2nd、3rd になります。表記はさておき、声に出すときは必ず、野球の塁のように、first、second、third と発音しましょう。21日、22日、23日、31日も同様に、twenty first、twenty second になります。

他にも変則的なのは、5日が fifth、12日が twelfth になり、20日と 30日が、twentieth、thirtieth となるのですが、面倒なら、数字をそのまま読むことにしてください。

西暦は、1900年代までは、1970年なら、**nineteen seventy** のように2つに分けて読んでいました。2000年代に入ってからは、**two thousand、two thousand one、two thousand three** と読み、2000のあとが二桁になった2010年以降は、**two thousand ten** と **twenty ten** の両方が使われているようです。

英会話学校の教室以外では、今日が何月何日なのかをたずねられることは、あまりないかもしれませんね。ただ、**少なくとも、自分や家族の誕生日くらいは、さっと言えるようにしておきましょう**。

「あなたの誕生日はいつですか?」は、"When is your birthday?" です。私なら "My birthday is on May twenty-second." と答えます。「5月生まれです」と言うなら "I was born in May." です。

念のため、1月から12月までの月名を書いておきますので、ご自分の誕生日、家族や友人の誕生日を声に出して言ってみましょう。

1月	January
2月	February
3月	March
4月	April
5月	May
6月	June
7月	July
8月	August
9月	September
10月	October
11月	November
12月	December

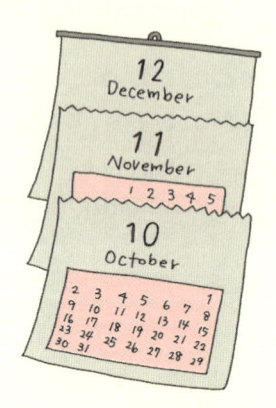

When is your birthday?

My birthday is on _____

I was born in _____

> **もう一歩** 日本では、少し親しくなると、飲み会などで**血液型**(blood type)を話題にすることがありますね。でも外国の人たちは、まさか食事中に血液型を聞かれるとは思ってもみないようです。私たちがいきなり血圧の数値を聞かれるくらいの衝撃なのかもしれませんね。そもそも自分の血液型を知らない人も多く、性格判断や人間関係に関係しているとは、とても信じられないのでしょう。

その代わり、牡羊座や魚座など、星占いに使われる**星座**（zodiac sign）について話題になることはあるようです。初対面で聞かれることはないと思いますが、誕生日が言えるようになったら、ついでに、ご自身の星座の英語名もチェックしておいてはいかがでしょう。

　「あなたの星座はなんですか?」は、"**What is your zodiac sign?**" で、例えば、"**I'm Gemini.**" と答えます。

牡羊座	Aries
牡牛座	Taurus
双子座	Gemini
蟹座	Cancer
獅子座	Leo
乙女座	Virgo
天秤座	Libra
蠍座	Scorpio
射手座	Sagittarius
山羊座	Capricorn
水瓶座	Aquarius
魚座	Pisces

（2）日常の決まり文句

別れぎわの決まり文句

　食事の前後には「いただきます」と「ごちそうさま」、帰宅したら「ただいま」と「おかえり」など、日常の決まり文句というのは、言うべきときに言わないと、なにかものたりないような、さびしい気分になりますね。**英語にも、そういった日常の決まり文句があります。**ここでは、なじみやすい別れぎわの決まり文句をご紹介しましょう。

　例えば、別れるときが日中なら、"Have a good day!"、週末目前なら、"Have a good weekend!" と声をかけます。また、楽しい予定を聞いた直後なら、"Have a good time!" です。

　こうした英語の決まり文句は、相手への思いやりにあふれています。ですから、言われる人はもちろん、言う人も気持ちがいいものですね。（くしゃみをしたら、だれかが "Bless you!" と言ってくれるかもしれません。「祝福あれ！」という意味で、昔は悪魔払いの意味があったようですが、今では「おだいじに」という気づかいの言葉です）。

　返事は、基本的にすべて "Thank you!" で大丈夫です。「あなたも！」とつけたしたいときは、"You too!" と言いましょう。

　それでは、場面を想像しながら声に出して読んでみてください。

日中	Have a good day!
	Have a nice day!
週末前	Have a good weekend!
休日前	Have a good holiday!
休暇前	Have a good vacation!
旅行前	Have a good trip!
	Have a good flight!
クリスマス前	Happy Holidays!（宗教色が出ないので無難）
	Merry Christmas!
その他	Take care!（「体に気をつけてね！」に近い）
	Take it easy!（「無理しないでね！」に近い）

もう一歩 日本語の「がんばって！」に近い英語の決まり文句はたくさんあります。「あきらめずに最後まで頑張れ！くじけるな！」というニュアンスなら、"Hang in there!" がぴったりです。勉強や仕事をしっかりこなすよう励ますときは、"Study hard!" や "Enjoy your work!" などと声をかけます。もう少し肩の力を抜いたほうがいいと思えば、"Don't work too hard!" とねぎらってあげましょう。

また、試験や大仕事にのぞむ人に幸運を願う "Good luck!" は、みなさんもよくご存知だと思います。返事は、「ありがとう」に加えて、「その幸運があれば、うまくいくような気がします」という意味をこめ、"Thanks! I'll need it." と言います。

英語になりにくい日本語の決まり文句

　古くは、satori（悟り）や zaibatsu（財閥）、最近では mottainai（もったいない）など、もともと英語圏にはないものや概念は、そのまま英語の単語として登録されたり、慣用的に使われたりします。でも、それはほんの一握り。日常よく使う日本語がうまく英語にならなくて、もどかしい思いをすることは多いことでしょう。

　先ほども出てきた「ただいま」や「おかえり」など、文字通りの意味ではない決まり文句は、なかなかぴったりの英語に置き換えることができません。それぞれの場面で、英語ならどんなせりふを言うのか確認してみましょう。

●「いってきます」と「いってらっしゃい」

　どちらも近い言い回しは英語にありません。出かける人も、見送る人も、"Bye! See you!" などと言うのが普通です。"Have a good day!" などの別れぎわの決まり文句を、状況に合わせてつけ足すこともあります。

●「ただいま」と「おかえりなさい」

　「ただいま」にいちばん近いのは、"I'm home!" です。ただ、これは、帰宅しても家族の姿が見えないときや、自分が帰った

ことに気づいてもらえないときに、「帰ったよー！　だれか出てきてー！」というニュアンスで使います。玄関を入って家族がいれば、**"Hi, Kate!"** と普通にあいさつします。

「おかえりなさい」に近い表現といえば、**"Welcome home!"** ですが、これは、久しぶりに帰ってきた人に言うせりふなので、日常的には使いません。帰ってきた人には、**"Hi, Bob!"** と声をかけ、「今日はどうだった？」**"How was your day?"** などとたずねるのが一般的です。

● 「いただきます」と「ごちそうさま」

　全員でお祈りをしてから食べ始める家庭もあるようですが、食べる前にだれもが必ず言う言葉というのは特にありません。ディナーに招待されたときは、**"Wow, everything looks delicious!"** と、食べる前に見た目をほめると感じがいいでしょう。

　「ごちそうさま」に近い表現も特になく、食べ終わったことを伝えるなら、**"I'm finished."** や **"I'm done."** と言います。招待された食事の最後に、**"Thank you for the lovely meal! Everything was so delicious."** とほめるのも忘れずに！

特別講座　会話をより豊かにするための基礎知識

(3) 丁寧に聞こえるコツ

丁寧さは言い方次第

　英語を教えていると、生徒さんからいろいろな質問を受けます。中でも多いのは、丁寧な言い方や、敬語についての質問です。「英語で丁寧な言い方をするにはどうしたらいいのでしょう」、「これを目上の人に言ったら失礼ではありませんか?」、「どちらの表現がより丁寧でしょうか?」などなど。「日本人は礼儀正しい!」"Japanese people are polite!" と、世界中の人が口をそろえるわけですね。

　親しい人同士で使うくだけた表現や、ビジネスなどの正式な場にふさわしい言い方というのは、英語にも確かにあります。でも、それはほんの一部で、日本語のように、目上の人には必ず「です/ます」を使い、いつも上下関係を気にして言葉を選ぶような気づかいは必要ありません。

　例えば、「ご出身はどちらですか?」も「出身はどこ?」も、"Where are you from?" ですし、「わたくしは東京の出身です」も「おれは東京の出身だ」も、"I'm from Tokyo." です。

　では、とても品のいいご婦人が、気取った口調で、"I'm from Tokyo." と言ったとしたら、どうでしょう? ちょっと想像してみてください。「わたくしは東京の出身ですの」と聞こえるような気がしませんか? 英語では、**言葉そのものよりも、どんな姿の人が、どんな口調で言うかのほうが重要**なのだと思います。

省略しない

　それでも、より丁寧に聞こえるコツが、まったくないわけではありません。まず簡単にできるのは、**省略をしないこと**です。例えば、**I'm** ではなく **I am**、**isn't** とせずに **is not**、**don't** を **do not** にすると、**書き言葉に近くなり、きちんとした感じが出ます**。

　では、"Are you from Japan?" と聞かれたときの返事を、そっけないものから順に並べてみましょう。

　Yes. / No.
　Yes, I am. / No, I'm not. / No, I am not.
　Yes, I'm from Japan. / No, I'm not from Japan.
　Yes, I am from Japan. / No, I am not from Japan.
　Yes, I am from Tokyo, Japan. / No, I am not from Japan.
　 I am from Korea.

　省略をせず、質問の内容をくり返して長く答えたり、少し情報をプラスしたりすると、それだけきちんとした感じになり、丁寧に聞こえます。少しかしこまった場面では、知っておくと便利でしょう。ただ、あまりやり過ぎると、場合によっては堅苦しく、よそよそしい感じになってしまいますのでご注意を。

　実際に話すときは、日本語同様、相手の調子に合わせるのがいちばんです。

特別講座　会話をより豊かにするための基礎知識

質問に May I ask~? をつける

　疑問文は、**May I ask~?**「うかがってもよろしいですか」を冒頭につけると丁寧になります。例えば、*"Where are you from?"* なら、*"May I ask where you are from?"*「ご出身はどちらか、うかがってもよろしいですか？」になります。（are と you の語順が変わりますので気をつけてください！）

　電話をかけてきた相手に「どちら様ですか？」とたずねるときも、*"May I ask who is calling?"* と言えば感じがよくなります。また、お金にまつわることなど、少し聞きにくいことをたずねるときも便利です。*"May I ask what your budget is? "*「ご予算をうかがってもよろしいですか？」は、お店の会話などで役立つかもしれませんね。「予算」という意味の **budget** は、「**バ**ジェット」のように読みます。「バ」をいちばん強く、最後の「ト」ほとんど聞こえないように強弱をつければ、英語らしい音に近づきますよ。

　May I ask~? の他に、*"Could you tell me how much this is?"*「これはおいくらか教えていただけますか？」や、*"Do you know when Mr. Smith will be back?"*「スミスさんがいつお戻りかご存知ですか？」などもあります。

まわりくどく頼む

相手に頼みごとをするときなどは、やはり丁寧な表現が気になりますね。Can you please~? よりも Could you please~? のほうが、Will you please~? よりも Would you please~? のほうが、より丁寧に聞こえるというのは、前にお話ししました。さらに、**相手にとって面倒なこと、迷惑になりそうなことをお願いする場合は、少しまわりくどい丁寧表現を使います。**

例えば、「いやだと思う/気にする」という意味の mind という動詞を使い、"Would you mind coming a little earlier?"「もう少し早めにいらっしゃるのは、ご面倒ですか?(もしそうでなければお願いしたいのです)」とたずねる言い方があります。これに答えるときは、「ぜんぜん気にしませんよ」という意味をこめ、"No, not at all." と言うのが定番です。

また、「どうかしら?」と自問を意味する I wonder を使い、"I wonder if you could come a little earlier."「もう少し早めにいらっしゃることはできないしょうか」と、遠まわしに頼むこともできます。

(4) 英語の手紙とメールのコツ

お手本を加工する

　最後は、話す英語ではなく、書く英語のお話をしたいと思います。どの言語でもそうですが、話し言葉よりも書き言葉のほうが、はるかに難しいのは確かです。話す英語では大らかに許される間違いも、書く英語となればそうはいきません。スペルもきちんと確認しなければなりませんし、細かい文法を気にする必要も出てきます。大文字や小文字の使い分けなど、英語を話すときには関係ないことも気にしなければなりません。文字としてはっきり目に見え、証拠として残ってしまいますから、書くときはどうしても慎重にならざるをえないのです。

　ですから、**なにか書くときは、必ずお手本の例文を参考にしてください。**英文手紙（メール）の例文集は、ビジネスレターから、個人的な手紙、カードの書き方まで、たくさんの本が出版されています。今はインターネットでも気軽に調べられますし、コンピュータで入力すれば、スペルもチェックしてくれますから、昔に比べれば夢のように便利です。

　とにかく、自分の伝えたい内容に合った例文を、うまく見つけてください。そして、**名前などの固有名詞や数字を入れ換え、もとの英文を自分用に「加工」して使いましょう。**なにもないところから生み出すのではなく、加工するのですから、簡単ですし、安全です。日本語でかしこまった手紙を書くときに、時候のあいさつや失礼にならない表現など、お手本を参考するのと同じです。

簡単な言葉に置き換え加工する

　自分で書いた日本語の文を英訳することは、みなさんが思っている以上に難かしく、時間もかかります。中学や高校で和文英訳の習慣がついてしまっているせいか、多くの人が日本語を英語にしようとし、また、そうできると信じているようです。

　でも、**日本語をそのまま英訳すると、たいていおかしな英語になってしまいます**。日本語で考えた文は、まわりくどく、あいまいになりがちで、英語とは語順もまったく違いますから、英語に翻訳するのは至難の業なのです。

　どうしても日本語から英語に直したいときは、「洗車→車を洗う→自分の車を洗う→ wash my car」のように、なにを伝えたいのかを、なるべく**簡潔な言葉に置き換える**工夫をしてください。そして、すでに知っている英文や、お手本の英文にあてはめ、自分用に加工しましょう。

　例えば、「私は毎週日曜日に（私の）車を洗います」という意味の英文を作りたいとします。そのとき、**I study English every day.** という文が確実に身についていれば、それを加工するのです。つまり、「洗う」を「勉強する」と、「車を」を「英語を」と、「毎週日曜日に」を「毎日」と、それぞれ置き換えます。

　すると、**I wash my car every Sunday.** か、それに近い文ができあがるはずです。どんなに簡単な文でも、日本語から「翻訳」するのではなく、正しいとされている例文を「加工」するようにしてください。

「〇〇さんへ」「〇〇より」

手紙の出だしに相手の名前をどう書くか、最後に自分の名前をどう表記するのか、簡単に確認しておきましょう。

● 〇〇さんへ

親しい友だちであれば、会話で呼びかけるような言葉で始めます。日本語にすると、「〇〇さんへ」を抜かして、「〇〇さん、こんにちは!」で始める感じに似ています。そのとき、〇〇には、普段呼んでいる名前、ファーストネームやニックネームを入れましょう。

Hi, Shinji!
Hello, Linda!

友人であっても少し丁寧にしたいときは、Dear を使います。「〇〇さんへ」、「〇〇様」と近いですね。ここでも〇〇には普段呼んでいる名前が入りますが、親しくない人や、会ったことのない人には、敬称の Mr. や Ms. をつけます。

Dear のあとの Mr. や Ms. には、必ず名字だけを入れてください。Dear Mr. Shinji Tanaka のようにフルネームを入れたり、Dear Ms. Linda のようにファーストネームにつけるのは不自然です。

Dear Linda,
Dear Mr. Tanaka,

● ○○より

　英語では、最後に書く自分の名前の前に、敬意や心をこめてという意味の言葉をそえます。親しい人への場合は、次の通りです。

Love,
Yukari

All the best,
Akira

Regards,
Shinji

親しい人にも、そうでない人にも使えるものは次の通りです。
　会ったことがなく、こちらの性別を知らない相手には、自分の名前（フルネーム）のあとに（Mr.）や（Ms.）をつけておくと親切ですね。そうすれば、相手が返事を書くとき、Mr. ○○にしようか、Ms. ○○にすべきか悩まずにすみますので。

Sincerely,
Yukari

Best wishes,
Akiko Yamada(Ms.)

Best regards,
Shinji Tanaka (Mr.)

お礼の手紙とメール

　お礼の手紙として、カジュアルな E メール用のものと、少しだけフォーマルなものをご紹介いたします。どちらもビジネスではなく、個人的な礼状です。

●旅先でお世話になった友人へのメール

　メールでは、使う表現もだいぶ会話に近くなります。どの程度くだけていいのか迷うこともあると思いますが、会話と同じように、相手の調子に合わせたり、相手の表現をまねたりして、少しずつご自分のスタイルを作っていきましょう。

Hi, Linda!

How are you doing?
I safely returned to Tokyo last Friday.
I really enjoyed staying with you and your family in Sydney.
Thank you for everything.
The cruise dinner you invited me on the last day was just fantastic!
I'll never forget that day.
Please come and visit me in Japan soon.
I'll show you around Tokyo and then take you to my hometown, Sapporo.

Love,
Yukari

リンダへ

元気？　先週の金曜日に無事東京へもどりました。
シドニーでは、リンダの家に泊めてもらって、本当に楽しかった。
いろいろどうもありがとう。
最後の日に連れていってもらった豪華客船でのディナー、最高にステキだった！
あの日のことは、絶対忘れないからね。
早く日本に遊びに来てちょうだい。
東京をあちこち案内したあと、私の故郷、札幌へ連れていってあげるわ！

由香里

●息子が世話になったホームステイ先の夫婦へのお礼状

次は、手書きのお礼状をイメージして書いてみました。今はお礼もメールですませることが多いと思いますが、日本らしいきれいなカードに書いて送ると、感謝の気持ちと心づかいが伝わり、さらに喜ばれると思います。

Okayama, October 10th, 2011

Dear Mr. and Mrs. Carter,

Thank you so much for taking good care of our son, Ryutaro, and giving him many chances to learn about the customs and cultures of your country.

He said that you took him to many wonderful places: a beautiful lake, mountains, museums, and even to the hospital when he had a bad stomachache. We are most grateful to you for your hospitality and kindness to my son.

If you have a chance to come to Japan, please visit us in Okayama. You are always very welcome.

Sincerely,
Shintaro Kitabayashi

カーターご夫妻へ

　このたびは息子の龍太郎が大変お世話になり、本当にありがとうございました。そちらの習慣や文化を学ぶ機会を作ってくださり、心から感謝しております。

　美しい湖、山、博物館など、素敵なところにたくさん連れていってくださったそうですね。ひどい腹痛をおこしたときは、病院へも付きそっていただいたと聞きました。さまざまなお心づかいをいただいて、大変ありがたく思っています。

　日本にいらっしゃる機会があれば、どうか岡山の我が家をお訪ねください。いつでも大歓迎いたします。

2011年10月10日

北林新太郎

気持ちのいいあいさつから スモールトークまでの22ポイント

　本文を思い出しながら、もう一度２２のポイントをチェックしてみましょう。どのような内容だったか、よく思い出せないときには、もう一度、該当するポイントにもどって、読み直してください。

●基本編●

☐☐☐　**1**　英語力より会話力（☞ P.14）

☐☐☐　**2**　まずはあいさつと笑顔から（☞ P.18）

☐☐☐　**3**　言い間違えても大丈夫！（☞ P.23）

☐☐☐　**4**　沈黙は「禁」（☞ P.28）

☐☐☐　**5**　自己紹介は丸暗記（☞ P.33）

☐☐☐　**6**　英語を話すときは日本の代表（☞ P.41）

☐☐☐　**7**　すべて聞きとれなくても大丈夫！（☞ P.46）

☐☐☐　**8**　語順のルールだけは絶対厳守（☞ P.52）

☐☐☐　**9**　英文の始まりは「主語＋動詞」（☞ P.57）

- □□□ **10** 会話の始まりも「主語＋動詞」（☞ P.60）

- □□□ **11** 英語の発音は強弱が大事（☞ P.65）

- □□□ **12** 「間」が悪ければ伝わらない（☞ P.69）

- □□□ **13** 疑問文を上手に使うコツ（☞ P.72）

- □□□ **14** 疑問文に上手に答えるコツ（☞ P.80）

● 実践編 ●

- □□□ **15** あいさつで会話を始める（☞ P.88）

- □□□ **16** スモールトークで話題を広げる（☞ P.103）

- □□□ **17** あいづちは会話の潤滑油（☞ P.111）

- □□□ **18** いろいろなことを教えてもらう（☞ P.116）

- □□□ **19** 相手を上手に誘う（☞ P.121）

- □□□ **20** 感謝と喜びをあらわす（☞ P.125）

- □□□ **21** 知らない人に声をかける（☞ P.131）

- □□□ **22** 日本の習慣を伝える（☞ P.137）

英語は「習うより慣れろ」 "Practice makes perfect" とよく言われます。英語を話せるようになるには、頭で考えるよりも、声に出して何度も練習することが、なにより大切です。すべて perfect（完璧）になる必要はありませんが、いざ！というとき、3分間自信をもって英語で話せるように、何度も挑戦しましょう！

If at first you don't succeed, try, try again!
1度目にうまくいかなければ、何度でも挑戦しよう！（諺）

著者 小比賀優子（おびか・ゆうこ）

東京都に生まれる。翻訳家、英語講師。1983年国際基督教大学(ICU)教養学部語学科卒業。専攻はコミュニケーション学。同年福武書店（現ベネッセコーポレーション）に入社、児童書部で主に国際ブックフェア、海外版権の取引業務に従事。退社後、渡独。ミュンヘン国際児童図書館で研修を受ける傍らミュンヘン大学でドイツ語を学ぶ。帰国後、「おびかゆうこ」の名前で、絵本・児童書の翻訳や創作、英語講師の仕事を始め、現在に至る。近年は、英語を教える立場から、英語への好奇心を再燃させている。主な著書に、『学び直しは中学英語で』（出窓社）、児童書の訳書に『ビアトリクス・ポター』（ほるぷ出版）、『ねずみの家』『帰ってきた船乗り人形』『愛のうたをききたくて』（いずれも徳間書店）、『ルール!』（主婦の友社）、『モホ・ワット』『ナヤ・ヌキ』『パスキ・ナナ』（いずれも出窓社）、絵本の訳書に、『はるになったら』（徳間書店）、『だいすきがいっぱい』（主婦の友社）、『あまくておいしいこいのものがたり』（光村教育図書）、『エリーちゃんのクリスマス』（福音館書店）などがある。

本文イラスト　ナシエ　http://www.nashie.com
図書設計　辻 聡

DMD

出窓社は、未知なる世界へ張り出し
視野を広げ、生活に潤いと充足感を
もたらす好奇心の中継地をめざします。

中学英語で3分間会話がとぎれない話し方

2011年 7月 7 日　初版印刷
2011年 7月22日　第1刷発行

著　者　小比賀優子

発行者　矢熊　晃

発行所　株式会社 出窓社

　　　　東京都武蔵野市吉祥寺南町 1-18-7-303　〒180-0003
　　　　電　話　0422-72-8752
　　　　ﾌｧｸｼﾐﾘ　0422-72-8754
　　　　振　替　00110-6-16880

印刷・製本　モリモト印刷株式会社

Ⓒ Yuko Obika 2011 Printed in Japan
ISBN978-4-931178-76-2
乱丁・落丁本はお取り替えいたします。定価はカバーに表示してあります。